会社では教えてもらえない

数字を上げる人の営業・セールストークのキホン

伊庭正康 Iba Masayasu

すばる舎

はじめに

営業には好業績を出すセオリーがあります。
私が営業デビューした頃、「営業はしんどいものだ」と誤解していました。
でも、上司から言われた〝ひとこと〟で、私の営業観はガラリと変わりました。
そのひとこととは、「営業のゴールは売ることではない」ということ。
最初はピンとこなかったのですが、次第に自分が間違っていたことに気づきました。

つまり、「営業」とは、
製品のメリットをわかりやすく伝える、ことでも、
ライバル会社より値段が安いことを伝える、ことでも、
一生懸命にパンフレットを配る、ことでも、
元気に頭を下げる、ことでもない、
ということでした。

では、営業のゴールは何か。

その答えはこの本の中身に譲ります。


ただ、言えることは、営業に向き、不向きはないということ。

営業には「体系化されたセオリー」があり、その「セオリー」を活かせば、とてもクリエイティブな活動ができるようになる。そして、それは必ず、お客様から感謝され、それは信用を圧倒的に高めてくれるものとなる。

これが営業だと、経験を通じて確信しました。

私が法人向けの営業研修の会社を興したのは、この方法を広めたかったからです。

今では毎年、数千人にレクチャーし、リピートは9割以上。

法人の営業研修は、とくに結果が出ないとリピートしていただけません。

リピート率はこのメソッドの結果が出ている証だと思ってください。


この本では、私が研修で話していることだけでなく、研修では話していない内容も紹介しています。

そして、次の読者に向けて書いています。

- 営業のキホンを学んでおきたい、営業初心者
- 我流でやってきたけれど、営業を体系的に整理しておきたい、営業経験者
- 後輩や部下に営業を教えることになった、営業指導者

この本が、あなたの営業マニュアル、職場の営業マニュアルになれば……。

そんな思いで書きました。

もちろん、本書で紹介するメソッドの全部をやってみるもよし、関心のあるパートだけをやってみるもよし、あなたのやりやすいように使ってください。

どんな使い方でも、営業のクリエイティブな世界を存分に味わっていただけると確信しております。

株式会社らしさラボ　代表取締役　研修トレーナー　伊庭正康

目次

数字を上げる人の
営業・セールストークのキホン

第1章
がんばっているのに、数字につながらない…

第2章 まずおさえたい営業のキホン

第3章 契約率が大幅アップ! 商談のステップ

第4章 「あなたから買いたい」と思われる人の印象戦略

第5章 定時帰りでも最高の結果を出す仕事術

カバーデザイン　小口翔平＋岩永香穂(tobufune)
本文デザイン・図版　松好那名(matt's work)
イラスト　村山宇希

第1章

がんばっているのに、数字につながらない…

Basic works of sales talk

Basic works of sales talk

1

「売らない」のに「売れる」営業はここがちがう！

!

営業は、お客様の〝不〟を解消する仕事

いらないものを無理に売りつけるのは…

「営業＝いらないものを無理やり売るイメージ」

そんなジレンマはありませんか？


白状すると、私も営業デビューの頃は、そう思っていました。

お客様に申し訳ないな、と思いながらやっていたことを思い出します。

「営業目標を達成させねば」という焦りと、「お客様に尽くしたい」という思いが、うまく統合できなかったのです。


しかし、ふとしたことがきっかけでスッキリし始めました。

「営業は、お客様の〝不〟を解消する仕事」だと考えるようになったからです。

ここで言う「不」とは、お客様の「不安」「不便」「不満」のこと。

きっかけは、中央卸売市場の社長との出会いです。

当時、私は求人広告の営業職をしていました。

朝早い仕事ということもあって、求人を出しても応募が集まらない、ということでした。

社長からは、

「もう、アルバイトの求人はしない。さすがに応募すらないのはツライ」

と言われる始末。

当時、時給1300円で募集をかけていました。十分に高額です。

しかし、高額な時給にもかかわらず、応募は0人。そりゃ、イヤになります。

そのとき、事前に考えてきたアイデアを社長に伝えました。

「社長、3ヶ月に1回、10万円のボーナスを支給するのはいかがでしょう。

時給を1000円に下げれば、3ヶ月で10万円をボーナスとして捻出できます！」

今思うと稚拙な提案だったな、と思います。

でも、その条件で募集をしたところ、なんと1週間で30人の応募がきたのです。

それ以来、たくさんの相談と、今まで以上にご契約をいただくことになりました。

時を同じくして、急速にリピートが増え、紹介が増えていました。自分が動く以上に契約が増える、そんな感覚を覚えたのもこの頃です。

そこで感じたのは、**営業とは、一生懸命に売り込む仕事ではない**ということ。お客様の「不」を解消する仕事なのだ、ということでした。

買っていただくのは商品ではなく、解決策

もし、営業がツラいと思うことがあれば、こう考えてみてはいかがでしょう。

ただ商品を売るのではなく、その先にある「お客様の不」を解消する仕事だと。

たとえば、病院の先生に医薬品を買っていただく営業の場合。

会社から「この新薬を積極的に進めるように！」と言われたとしましょう。会社から言われたから売る、と考えると営業の本質を見逃してしまいます。

このとき、想像すべきなのは、ふたつの「不」。

病院の先生の「不」と、その先にある患者さんの「不」です。

日進月歩の激しい医薬業界。先生が新薬の情報を知らないとなると、医者として絶

対に困るわけです。

患者さんもそうです。痛みやかゆみで悩まされている患者さんもいることでしょう。患者さんの家族は、寝られない姿を見て、もっと悩んでいるかもしれません。

つまり、こういうことです。

営業とは、商品を売っているのではなく、その先にある「不」を解消する仕事。大げさではなく、あなたの営業も、世の中の幸せをつくる仕事なのでしょう。

営業をおもしろくするには

✕ 「契約」「受注」をゴールにする

売れないなぁ…

○ お客様の「不」を解消することをゴールにする

そう
なのね!
こうすると
もっとお店が
よくなりますよ

「売り込む」のではなく、「問題解決」を意識する

Basic works of
sales talk

2

「足で稼ぐ」かわりに「頭で稼ぐ」のが鉄則

!

営業には結果を出す「公式」がある

訪問も電話も少ないのに圧倒的な成績

圧倒的な業績を出し続けるトップセールスがいました。

でも、彼は、それほど訪問もしていませんし、電話もかけていません。

もちろん、スキルは高いのですが、他の人と比較して、驚くほどの差はありません。

でも、なぜか彼だけは達成し続けているのです。


一方で新人だった私は、雨の日もグチョグチョになりながら1日何十件と訪問して、なんとか目標を達成する、そんな状況でしたので、不思議で仕方ありませんでした。

でも、営業の勉強をするうちに見えたことがありました。

それは販売力は「公式で」説明ができるということです。それが25ページの図。

ベテランの彼には、ただ潤沢な「顧客資産」があっただけのこと。一方、新人だった私は顧客資産もスキルもなかったので、一生懸命に訪問するしかなかったのです。

とは言っても、「顧客資産」を持つまでは、一足飛びにはいきません。

それには順番があります。

正しくやれば、早い段階で「顧客資産」をつくれます。

では、その方法を紹介しましょう。

リストの精査で20倍の受注に

最初は、誰もが足で稼ぐことからスタート。

この時点では、電話数、訪問数を増やし、より多く商談します。

少しでも多く足跡を残すことが成果の鍵です。

ただし、効果的なリストを用意すること。

実は、私は何も知らずに、最初の頃、無作為にローラーで訪問をしていました。

訪問先が悪いと、いくらがんばっても売れません。

上司が変わったタイミングで、「このリストを回りなさい」と指示を受けたところ、驚くことが起こりました。それまで月に1件しかとれなかった新規が、〝週〟に5件もとれるようになったのです。

成果の差は20倍。リストでこれほどまで変わるとは衝撃でした。

今でも私の営業研修では「リストを精査」することを重視しています。

販売力の公式とは?

行動力、スキル、顧客資産のかけ算で、
売上が何倍にも伸びる!

不在だった訪問先には、資料を置くことはもちろん、名刺にメッセージを残し、必ず後で「電話」でフォローして、挨拶のアポイントをもらいます。

思い返すと、このときが営業として、一番しんどい時期かもしれません。

私もそうでした。

ただ、ここを乗り越えたら世界が変わると信じてください。


あるタイミングから、変化に気づきます。

商談からの受注率が急速に上がるのです。

これは、商談スキルが上がるため。

(この本の第3章で説明してます)

お客様の隠れたニーズを聞けるようになると、受注率が変わります。

ゴールは「顧客資産」で回していけること

いよいよお客様から、定期的に相談をいただいたり、ご紹介をいただく「顧客資産」の段階。

3つのステージを通して、営業がおもしろくなる!

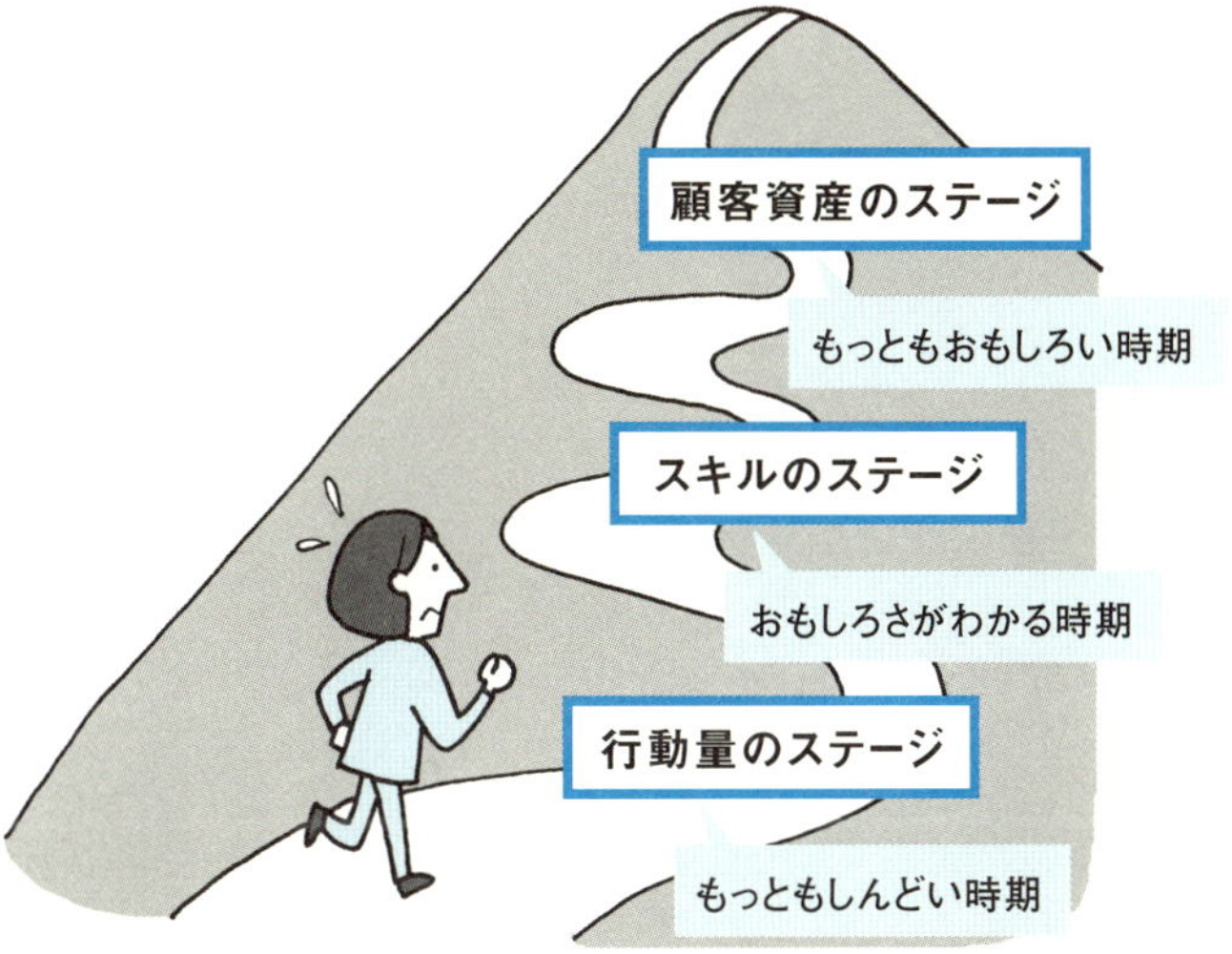

お客様から頼られる"パートナー"に!

トップセールスが「お客様のおかげ」と言うステージです。


これは、**「営業としての絶対的な信頼」**があるからこそできること。

「あの人は、絶対にきちんとやってくれる」

「あの人は、誰よりもウチの会社のことを知ってくれている」

「あの人は、他の人がしないような提案をしてくれる」

だからといって、顧客資産の上にあぐらをかいてのんびりはしていられません。
この段階になると、お客様からの相談のレベルが上がるため、ずっと勉強していま
す。「自分には、ちょっとわかりません」では、相談はもうこないからです。

私のケースは、こうでした。

一介の求人広告の営業でしたが、お客様からの相談のレベルが上がり、繁閑の差が大きい観光地のお客様には「変形労働時間制の提案」を、急成長したことでマネジメントに課題のあるお客様には、「離職率改善の提案」を。

他にも、経営戦略、財務管理の勉強もしました。

きっと、あなたにも商品以外の相談がくるはずです。
2年後かもしれませんし、5年後かもしれません。
ここまでくれば、営業はかなりおもしろくなります。
こんな難しいのは、ちょっと……と思われたかもしれませんが、ご安心を。
今はそうだとしても、その頃には、おもしろいと思えるようになっていますから。

Basic works of sales talk

3

人見知りで要領が悪くても、売上全国1位になれた！

!

お客様の言いなりになってはダメ。
必要以上に高いものを売るのは絶対ダメ

「正しく」やれば誰もがトップ営業になれる！

正直に白状しますと、もともと私は人見知りで、できれば営業をしているより、こうやって何かを書いているほうが性に合っているタイプでした。

しかし、なぜか営業で成果を出せたのです。

これを書くと嫌なヤツだと思われるかもしれませんが、言わせてください。

最初に配属されたのは、アルバイト求人情報の事業。

次が、自分からお願いして移った中途・新卒の就職情報の事業。

研修サービスやコンサルティングサービスなどの営業もしました。

よく似た領域ではありますが、すべての領域で、トップセールスの表彰を受け（累計40回以上）、4つの年間の全国1位の表彰も受けました。

残業は嫌いなので、残業はしませんでした。

と、書くと、鼻につくヤツの話にも聞こえてしまいますが、そうじゃないんです。

言いたいのは、「正しくやれば、人見知りであっても、不器用であっても、トップになれる」ということ。

では、「正しく」とはどういうことなのか?

もちろん、さまざまな要素はあるのですが、ここでは、私が重要と考える要素にしぼって解説したいと思います。

「契約数」「契約単価」「リピート率」のかけ算

①「契約数」を2倍にする

契約数を2倍にしたいと考えたとき、2つの道があります。

100件の訪問を200件に増やす、つまり「量」を増やす道。

10件の商談からの契約を1社から2社に増やす、つまり「率」を向上させる道。

トップを目指すなら、迷わずに後者、「率の向上」を選んでください。

「量」を増やすのは限界があります。一方、「率」の向上は、商談の流れを変えるだけで実現できます。この具体的な方法は第3章でご紹介します。

②「契約単価」を2倍にする

1回あたりの売上は、前述の「契約数」と、この「単価」のかけ算で決まります。

もちろん、お客様に必要以上の高いものを売るのは絶対にダメ。

だからと言って、お客様の言いなりになってもダメ、ということです。


「安い風邪薬をください」と言われて、最安値の風邪薬を提案してはダメなのです。

まず、その目的をしっかりと確認しないといけません。

「咳が止まらず、夜も寝られない」ということがあるなら、提案する薬は、最安値とは別のものになるかもしれませんし、場合によってはマスクも必要なのかもしれません。

つまり、

「あなたがよいと考える提案（夜ぐっすり眠れるための〝薬とマスク〟）」と「お客様が求める提案（安い薬）」の双方を提示し、お客様に選んでもらうことが、正しい商談です。

お客様が求めているのは、商品の購入ではなく、その先にある「不」の解消であることを忘れてはいけません。この方法も第3章で紹介します。

③「リピート率」を2倍にする

1回の売上は「契約数」と「単価」のかけ算だと言いました。

年間の売上は、加えて、「リピート率」のかけ算で決まります。

つまり、すべてのお客様に対し、「また、あなたでやりたい」と思ってもらわねばなりません。

その鍵は、**「契約をもらう前」以上に「アフターフォロー」に情熱を注ぐこと**です。

ほとんどの営業マンは、契約をもらうまでには熱心ですが、その熱量以上にアフターフォローに熱心な営業マンは、ほとんどいません。

ホント、もったいないと思います。左の図をご覧ください。

このように、お客様が営業マンのことを評価するポイントは、「契約後」のアフターフォローなのです。

まずは、お客様の熱量に寄り添うべく、アフターフォローに情熱を注いでください。

営業マンは契約後にテンションが下がりがち

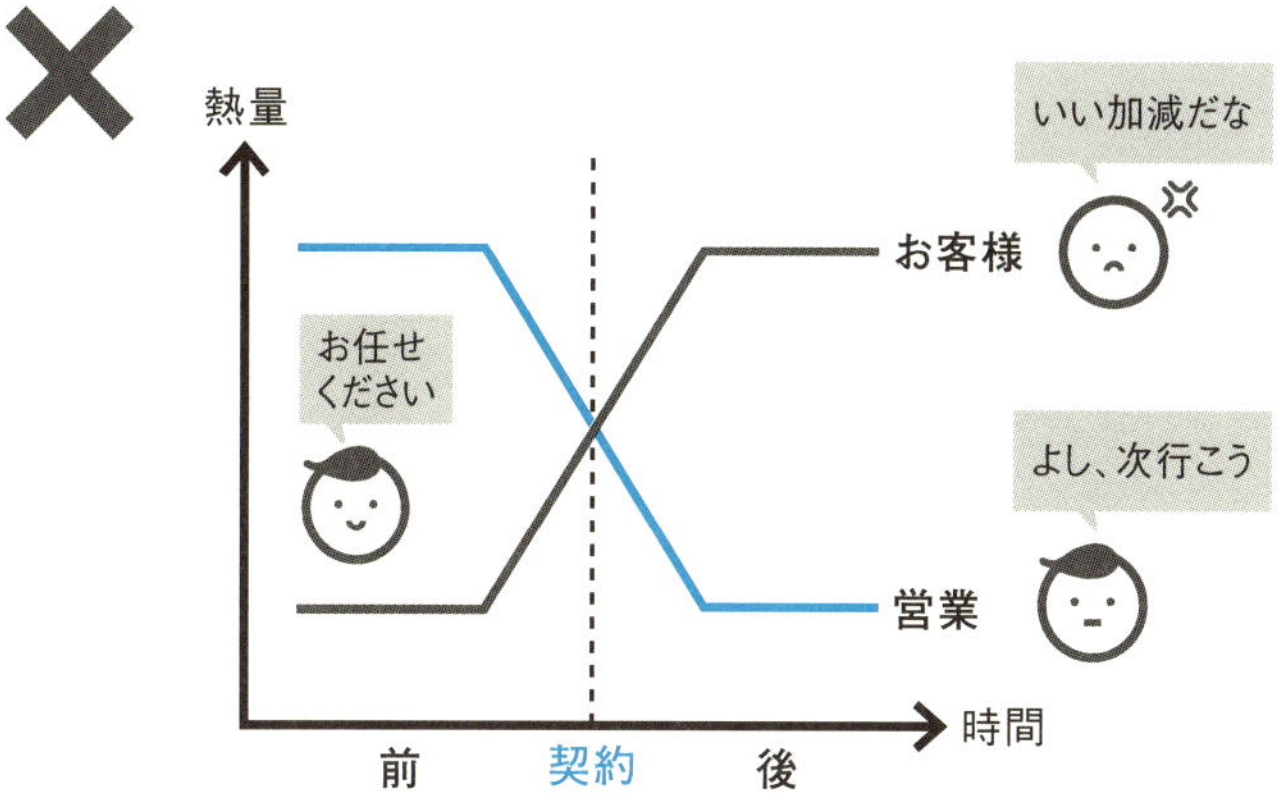

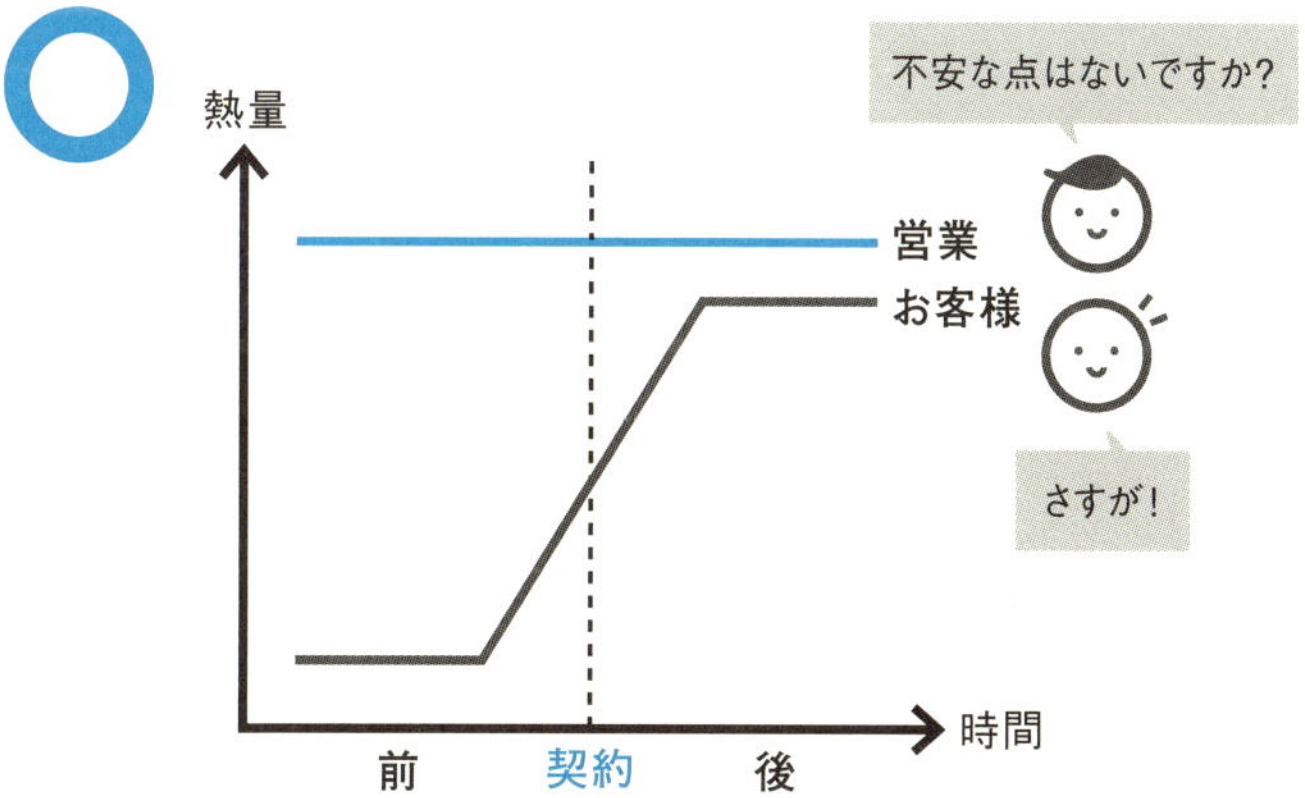

お客様が評価するのは営業のアフターフォロー!

それぞれ2倍にすれば全体で8倍になる

もう、おわかりだと思います。

「契約数、単価、リピート率」の3つを高めることが、営業の鍵なのです。

これらの各要素を「2倍」にすれば、商談数を増やさずともこの図のように、売上は「8倍」になります。

実際、私もそうでした。多いときは年間で4億円の目標を持って求人広告の営業をしていました。でも、当時、多くの営業マンは、年間で4000万円程度でしたので、「10倍」程度の差だったわけです。

残業はしていなかったので、商談数が人一倍、多いわけではありません。

トップセールスの多くは、訪問数を増やすこと以上に、この3要素を高めることに腐心しているのです。

トップセールスはかけ算で考える!

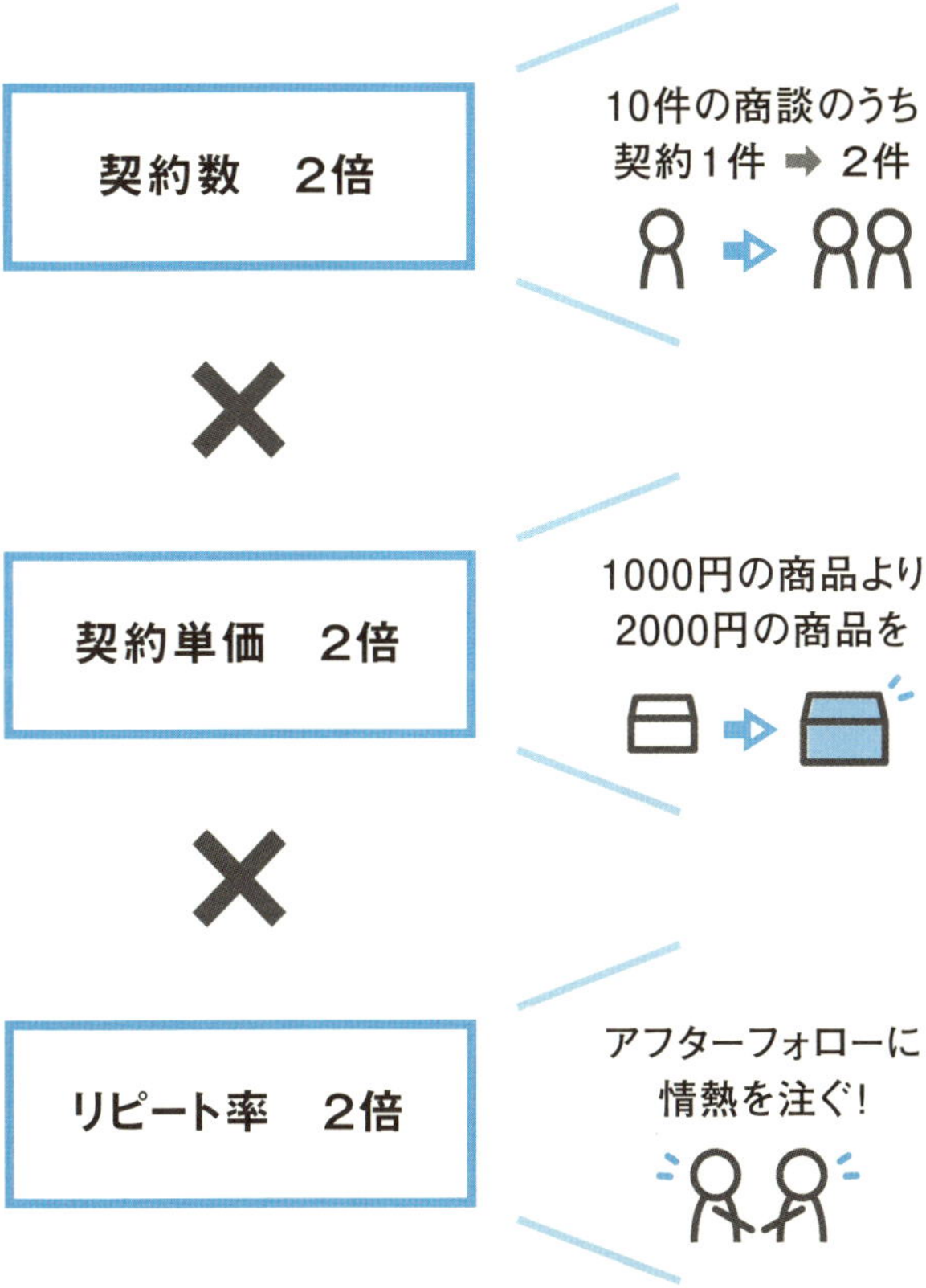

訪問数を増やすよりも
3要素を高めるほうが効率的!

Basic works of sales talk

4

営業スキルほど一生の武器になるものはない

!

同じ時間をかけるなら、
トップセールスを目指せ!

転職でも独立でも通用する

大企業でも倒産する時代……会社員はみな将来が不安になるものです。このように思うこともあるかもしれません。「会社を信用できない。雇用を守ってくれないから。それなら、財テクで身を守ろうと」と。

お恥ずかしながら、私も若いときにそう考えて、マネごとをやったことがありますし、今も話のネタ程度に仮想通貨もやっていますが、やはり思います。「これは、身を守るものではないな」と（もちろん、私の腕前の問題もありますが）。

私は、営業力を習得することは財テクに勝る投資だ、と確信しています。スキルは時勢に影響を受けません。

私が見てきた人を紹介しましょう。

・年収3億円の保険のトップセールス
・語学ができないのに、海外で会社を興し成功

（アメリカ、東南アジアで夢を実現。営業力は万国共通）

・〝ウチの会社に責任者として来てほしい〟とスカウトされ続ける（これこそ人生の保険になる）

もちろん、彼らはトップセールスたちです。

でも、彼らも最初からトップセールスだったわけではありません。

正しい「やり方」を、どこかのタイミングで習得したのでしょう。

仮に、会社を辞めざるを得ない状況になっても、何の問題もないわけです。

どんな投資より利回りがいい

もちろん、会社を辞めましょう、ということではないです。

今の会社で打ち込むことが尊いのは絶対です。

むしろ、私は転職で得られる収入は人生のわき役でしかないと思っていますし、横に置いておくべきだとも思っています。「やりがい」や「幸せ」とは何の関係もありません。

ただ、収入の観点で考えたら、です。

そう考えると、営業力を身につけておくことは、投資としての観点でも、かなり効率的です。

・会社を辞めても、つぶしが効く（私のまわりでは、全員がうまくいっている）

・利回りがいい（独立した人は3～10倍の収入になっている）

もちろん、営業力をつければ、大富豪になれるというわけではありません。

でも、彼らを見ると、食いっぱぐれることはないですし、中には1000人に1人くらいの収入レベルに入る人もいます。

まとめましょう。

身につけた営業力は、きっとあなたにとって最高の資産となるでしょう。

どうせ同じ時間をかけるなら、トップセールスを目指したほうが、よい資産になると思います。

営業力をつけることに、特別な才能は不要です。
もっと、簡単。正しく「行動」するだけなのですから。

もし、あなたが、今の営業をやっていて不安があるようなら、こう考えてみてください。

「今は、自分自身の資産形成をしているのだ」と。

財テクは、特性上、必ずリスクが伴います。
でも、営業力を身につけることには、一切のリスクはありません。
どんな商品であっても、どんな規模の会社であっても、関係ありません。
正しい営業スキルは、確実に、身を助けてくれるでしょう。

第2章

まずおさえたい営業のキホン

Basic works of sales talk

Basic works of sales talk

5

いつも目標未達成なのは、「不足額」を把握していないから

!

不安を消せるのは「正しい行動計画」だけ

「あと○万円をどう埋めるか」方法を考える

営業目標がなければ、どれほどラクか……。そう思ったことはありませんか？

私も最初はそうでした。

目標のことを考えると、常に不安が心の片隅にありました。

まず、この不安を消しておきませんか？

そのためには、「正しい行動計画」を立てる方法を覚えることです。


キーワードは**「逆算」**。

目標に対して見えない不足額、「X（不足額）」を埋めることを先に決める、これが正しい行動計画です。ちょっとわかりにくいですよね。例を出して、説明しましょう。

まず、47ページの図をご覧ください。先にイメージをつかんでおきましょう。

この図のように、目標に対して読めない不足額「X」を明確にし、絶えず埋める方法を考えるのが、営業における行動計画のキホンとなります。

①　まず不足額をハッキリさせる！

たとえば、あなたが担当するお客様が１００社だとしましょう。

そして、営業目標が１０００万円とします。このままやってみて、どのくらいの「Ｘ（不足額）」があるのかを机上で計算してみるわけです。

すると、目標まで２００万円が足りないことを確認できました。

②　次に不足額の埋め方を決める！

続いて、不足分の対策として、製品Ｂの追加販売で埋めることを選択します。

（製品Ｂの単価は50万円。４件の契約があれば埋まる、という算段です）

③　すぐにお客様の立場に立った「提案」を考え、アポイントをとる！

そして、製品Ｂを使って、お客様の「こうなったら嬉しいかも」を考え、該当するお客様をリストアップします。どうやら、10社のお客様が該当だとわかったら、さっそく、アポイントをとり始めます。

まずは「不足額」を明確にする

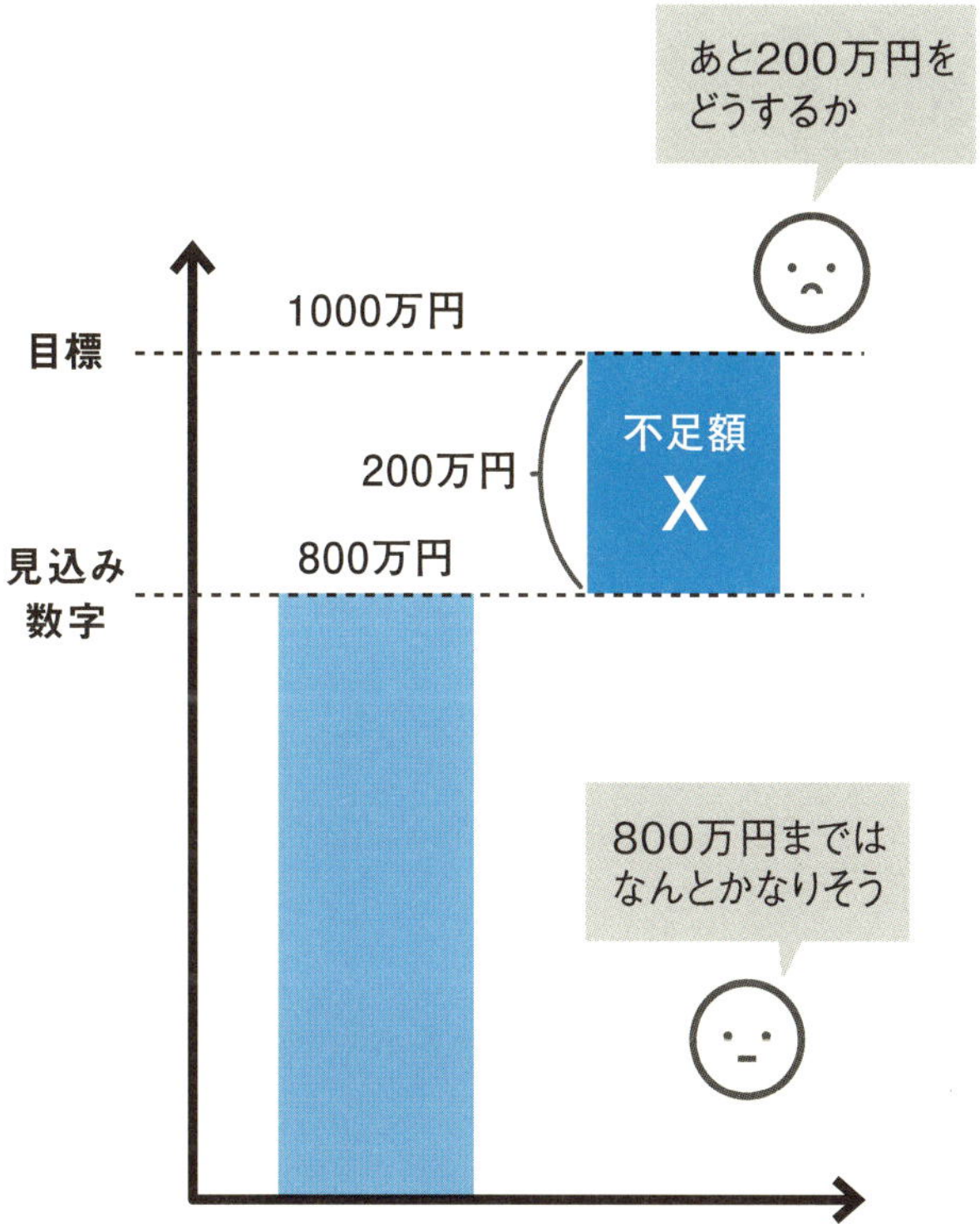

結果を出す人は、いつも「逆算」している

いかがでしょう。まず、このように達成に対する不足額「X」を埋めるべく、お客様の「こうなったら嬉しいかも」を考えて、提案を持っていくわけです。

これが「逆算の発想」であり、目標を達成し続ける、もっとも確実な方法なのです。

「ひたすら一生懸命やる」は戦略ではない

でも、多くの営業がそうはなっていません。代表的な例を挙げましょう。

① 足し算の発想

ひたすら一生懸命にやっていれば報われると思ってしまう

② 話しやすさを優先

拒否されるのが嫌なので、仲のいいお客様に会いにいく

③ 知恵を借りない

上司や先輩に相談するのが億劫で、ひとりでがんばってしまう

そうなると、こうなります。

「1日30件、訪問しないと上司に叱られる。

ここで、商談してしまうと、30件が訪問できない。なので、悩ましい」

「上司から1日80件、電話するように言われている。とりあえず80件電話している。

いつかは結果が出ればいいな、と思っている」

こうなってしまうと、なかなか結果を出せなくなり、プレッシャーから、営業しているフリになってしまう人も少なくありません。

まず、「X（不足額）」を洗い出し、逆算でやるべきことを決めてみましょう。

「この先、達成できるのかどうかわからない」という不安はスッと消え、余裕を持って、お客様のことを丁寧に考えられるようになりますよ。

Basic works of sales talk

6

日々のノルマを確実に詰めるかは、結局「前倒し」

!

営業は時間に振り回されたら負け

1割余裕を持った「マイ締切」を設ける

もう少しくわしく計画の立て方を解説しましょう。

先ほど、計画を立てるときのキーワードは、「逆算」とお伝えしました。逆算と言うと、何か特別なスキルのように思われるかもしれませんが、そうではないんです。難しく考えないでください。

実のところ、**「受験」とまったく同じ**です。受験勉強の際も、「いつまでに」「何を」「どのくらい」までやればいい、と考えていませんでしたか。漫然とやっていなかったと思います。あれが逆算です。営業の場合も同じ。

ただ、営業の場合は、次のように整理すると、わかりやすくなります。

まず逆算した上で、**「日々の計画」に逆算でブレイクダウン**してみてください。そして、アポイントを埋めていく。まさに先手必勝の「基本姿勢」で臨みます。

もう少し具体的に見ていきましょう。

1日を最大限有効に使う

①「X（不足額）」を出し、対策を決める

先ほども申しました。まず、営業目標が決まったら、まっ先にやること。それが、目標に対する「X（不足額）」を出すことです。

先ほどのケースのように、1000万円の目標のうち、800万円はなんとかなりそうで、残りの200万円が見えないのなら、製品Bを4契約、プラスアルファで頂戴することを考えるわけです。

もちろん、精緻でなくてもよく、最初はだいたいでOKです。

もし、不足額を出すのが難しい場合は、「楽観値」「妥当値」「悲観値」で出してみてください。

このとき、「妥当値」を「X（不足額）」とするといいでしょう。

②「達成宣言日」を決める

会社で設定された締切日とは別に、「1割程度」の期限の余裕をもった、〝マイ締

切〟を設けてほしいのです。

これが、うまくいかなかったときの〝リスクヘッジ〟になります。

ビジネス用語で言うと〝バッファ（余裕）〟。

月間目標なら3日程度の余裕を、3ヶ月で設定された目標なら、1週間ほど前に設けます。

③　1日ごとに「どこまで（日商）」やるかを決める

いよいよ、日々の計画です。受験勉強を思い出してください。

「1日、3時間は勉強しよう」「1日、10ページはやるぞ」など、決めていたと思います。気がおもむくままに、できるところまでやってみよう、とはやっていなかったはず。営業も実は一緒。今日1日の自主目標を決めます。


たとえば、残額が「500万円」とします。

宣言した達成日までの残日数が「20日」としましょう。

「500万円」÷「20日」＝25万。この25万円が、今日の日商目標となります。

日々契約をもらう営業でなければ、「1週間単位」等、期間を調整してもいいでしょう（日商の達成の仕方については、次の項目でくわしくご説明します）。

④ 1日の計画を考える（ピュアセールスタイムを最大化させる）

この日商目標をやるためには、「ピュアセールスタイム」を最大化させねばなりません。ピュアセールスタイムとは、電話や商談にあてる純粋なセールス活動の時間。企画書作成や書類準備の時間を最小限にすることを考えます。

⑤ 朝に「仕事を終える時間」を決めておく

1日の営業を始める前に、「今日の終わり時間」を決めてください。でないと、どこまでもズルズルとやってしまいがちになります。**ズルズルやったところで、気休めにしかならないばかりか、明日のエネルギーを奪いかねません。**

夜の「時間あたりの契約数」のデータをとってみてください。

目標達成を偶然から必然に変える“逆算”仕事術

1. 不足額を出し、対策を決める
2. 「達成する日」を決める
3. 1日ごとに「どこまで（日商）」やるかを決める
4. 1日の計画を考える
5. 朝に「仕事を終える時間」を決める
6. 「3週間先」まで予定が入るよう、先手で用事をつくっていく

当たり前のことを徹底できる人がトップになる！

驚くほどに効率が悪いことに気づくでしょう。

終わる時間を決めて、もし終わらなければ、明朝に回すほうが賢い選択です。

⑥「3週間先」まで予定が入るよう、先手で用事をつくっていく

最後は、スケジューリングの基本姿勢。

ひとことでいうと、「先手で決めていく姿勢」です。

先手を読んで、バンバンと決めていくと、自ずと3週間先は埋まっていきます。

一方、**3週間後がスカスカになっているなら、日々の業務に対応するだけになっている可能性があります。**

「では、また連絡します」ではなく、「ちなみに、23日の13時のご都合はいかがですか?」と、先手で予定を埋めていくのです。

営業は、時間に振り回されたら負けです。


さて、いかがでしょう。

当たり前のことに感じられたかもしれません。
でも、徹底できている人はそれほどいません。
まずは、この6つの観点だけでも、徹底してみてください。
今まで以上に、目標の達成が「偶然」から「必然」に変わるはずです。

Basic works of sales talk

7

ほしい額を売り上げられる「提案」を逆算で考える

!

「ヨミ管理」で、
売上見込みを「見える化」する

3倍の「仕掛け」をキープする

では、どうすれば、日商を確実にクリアできるのでしょうか。
気合と根性では、難しいでしょう。実はコツがあるのです。
「〝この案〟を提案してみては……？」と1件1件イメージします。
妄想でＯＫです。
エクセル上で妄想の合計額が、残額の3倍になるまで妄想します。

①　お客様の、どんな不安や不便、不満を解消できる？
②　お客様は、どんなメリットを手にできる？

この切り口で考えると、提案ポイントが見つかります。
あとは、アポイントをとって、提案するだけ。
この繰り返しの中で、残額の3倍の「仕掛け」をキープするように心がけます。
ここで便利な方法を紹介しましょう。

売上見込みを管理できる「ヨミ管理」です。

これはリクルートグループで教わった「仕掛け」をキープする手法です。

左のページの図をご覧ください。この図のように、それぞれの受注見込みに応じて、「A・B・C・アタック」で社名と見込み額を記載します。

毎朝、更新をします。これを入力すると、個人はもちろん、課、部、事業部、全社まで一気通貫で把握できる状態になっています。

会社に見込み額を管理するツールがなければ、あなただけでも導入してみてください。**もしヨミが不足していたら、提案を増やさねばならないと早期にわかります。**

余談ですが、私が独立する際、社内結婚した妻から言われた条件がありました。「独立してもいいけど、AヨミとBヨミで、どのくらいあれば大丈夫なのかを明確にしてほしい」と。

妻が上司に見えた瞬間でしたが、それくらいにリクルートで営業をすると染みついてしまう便利なツールなのです。いずれにせよ、ヨミを把握しておくことは、安定業績を出し続ける上では必須です。

売上見込みを「見える化」する

受注確度8割以上	Aヨミ	××商会様 50万円 ××商事様 15万円 ××工業様 3万円	計68万円	ココが多いと安心
5割以上	Bヨミ	××企画様 20万円 ××フード様 5万円 ××屋様 15万円	計40万円	ココが多いと安心
3割以上	Cヨミ	××放送様 10万円 ××運輸様 15万円 ××サービス様 20万円 ××銀行様 50万円 ××証券様 50万円	計145万円	ココが少ない場合は提案が少ない
3割未満	アタック	××食器様 10万円 ××鉄道様 15万円 ××興業様 20万円 ××塾様 150万円 ××百貨店様 250万円	計445万円	社名がいつも一緒の場合は結論が曖昧になっている

ヨミを把握することで、
安定的に結果を出せる!

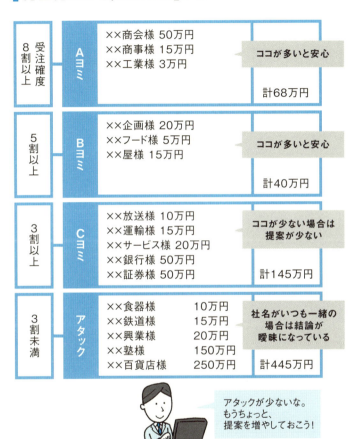

Basic works of sales talk

8

営業電話で一気に距離を縮める秘訣

!

すかさず相手の幸せに共感する

電話を切られるのには理由がある

電話をかけ続けるのは、なかなかツラく感じてしまうものです。

でも、それは、〝間違えたトーク〟をしているからかもしれません。

ひょっとしたら〝自分都合〟な電話になっているかもしれません。

ここでは、会ってもらえる〝正しい電話営業〟を紹介しましょう。


まず、相手の立場を想像してみてください。

忙しい中、いきなりかかってきた営業電話。

先方は、快く思うはずはありません。一瞬で距離を縮めないと、ガチャッと電話を切られてしまいます。そのとき、ちょっとしたコツがあるのをご存じでしょうか。

それは、すかさず相手の「幸せ」に共感すること。


というと、怪しい宗教のように聞こえますが、まったくちがいます。

これこそが、営業でのコミュニケーションのキホン。

ささいなことですが、思った以上に距離が縮まります。
私がやっていた求人広告の新規営業の例で解説しましょう。
ご新規への電話でのシーン。クイズにお付き合いください。

営業「ホームページで営業職の募集をされているのを見て、お電話させていただきました。ご状況はいかがでございますか？」
先方「たまに応募もあるので、わざわざ、求人広告を出す必要はないと思っているんだよね」
営業「（　　　　　　　　　　　　　　　　　　　　　　　　）」

さて、あなたなら、この（　　　　　）にどんなトークを入れますか？
ちょっと考えてみてください。

「それは安心ですね！」で、まずは共感する

先にダメな回答を紹介しましょう。

「そうですか、何名くらいの応募があるのですか？」です。

一見すると、何がダメなのか！と思ってしまいますが、これではダメ。先方の立場で考えてみてください。「なんで答えねばならないんだ」と、思ってしまいませんか。

実際、このひとことで、電話が終了することも少なくないのです。

正解はこの流れになります。

先方　「たまに応募もあるので、わざわざ求人広告を出す必要はないと思っているんだよね」

営業　「そうだったのですね。大変失礼いたしました。**それは、安心ですね。**差し支えなければ、お伺いしてもよろしいでしょうか？」

先方は、「今のままでも大丈夫だ」と言っているわけです。

「大丈夫」ということは、言ってみれば、先方にとっては「問題のない幸せな状況」でもあるわけです。だったら「それは安心ですね」「それは、よかったです」「なかなか、ないですよ」等、その「幸せな状況」に共感するのが、会話としては自然でしょう。これができない人が多いのです。

もう一度、挑戦です。

次のシーンで、あなたならどう返しますか？

先方「他の会社の製品を購入したばかり、満足しているんだよね」

営業「（　　　　　　　　　　　　　　　　　　　）」

いかがでしょう。できましたか。

「それは、よかったです」「では、今はご安心ですね」と返すのが正解です。

営業では「幸せに共感」することを心がけてみてください。

一瞬で距離を縮める感覚を感じていただけることでしょう。

「間に合っている」になんと答える?

いったん受けとめるだけで距離が一気に縮まる!

Basic works of sales talk

9

「間に合っている」には「万全ですか」で流れを変える

!

研修でも実証された、
アポイント率が倍になるトーク

相手に考えさせるキラークエスチョン

さて、これで、電話を切られるリスクは減りました。
でも、ここからが勝負。会話を続けることが次の勝負です。
キラークエスチョンで流れを変えるといいでしょう。
先ほどの求人広告での続きを見てみましょう。

先方「たまに応募もあるので、わざわざ求人広告を出す必要はないと思っているんだよね」
営業「そうだったのですね。大変失礼いたしました。それは、安心ですね。差し支えなければ、お伺いしてもよろしいでしょうか？」
先方「どうぞ」
営業「ということは、まったく不安もなく、〝万全〟ということでしょうか？」
先方「いや、さすがに万全、ということではないよ」

これで、会話の流れが変わりました。これが、キラークエスチョン。

「万全ということでしょうか？」「○○などご不安を感じることはないでしょうか？」

等、流れを変える質問が、それです。

「どうして？」「どんな？」「どのように？」で話が弾む

さて、流れを変えたら、次は会話を弾ませたいところ。

この会話に「関心」を持ってもらえれば、自然な流れで会話は弾みます。

あとは、オープンクエスチョンで質問をしてみてください。

オープンクエスチョンとは、「はい、いいえ」もしくは「単語」で答える確認の質問ではなく、自分の思いや考えを〝文章〟で長く話してもらう質問のことです。

「どうして？」「どんな？」「どのように？」。これらは私がおすすめする、便利なオープンクエスチョンです。こんな感じで展開します。

先方「いや、さすがに万全、ということではないよ」
営業「大変失礼しました。**どうして**、そう思われるのでしょうか？」

先方「そりゃ、いつも応募があるわけではないからね」
営業「そうでしたか、失礼しました。でも、応募があるだけでも素晴らしいことだと思うのですが、**どんな**ご不安があるのですか？」
先方「そりゃ、急に人が辞めたときなどは、すぐにほしいからね」
営業「そういうことでしたか、勉強になります。
ちなみに、そんなときは、**どのように**なさっているのですか？」
先方「そりゃ、困るよね」
営業「そうでしたか。お聞かせいただいて、ありがとうございます。
実は、今日、ぜひとも〇〇様にお話ししたかったことがございまして……」

いかがでしょうか。一気にアポイントを取りやすくなるのが、わかっていただけたのではないでしょうか。この流れは、私が研修で紹介しているトークですが、これだけでもアポイント率は2～3倍になります。

最後は「お役に立つ情報だけでも」と少し粘る

先方は、それでも「今はまだいいかな」とおっしゃることもあります。

そんなときは、ほんの少しだけ、粘っていただきたいのです。

「○○の情報もご提供できますので、きっとお役立ていただけると自負しておりますので、ぜひ」と。

ここで、「近くに行きますので」「名刺交換だけでも」と粘る人がいますが、それは間違い。

前者は「熱心」、後者は「しつこい」。

「お役に立つ情報をご提供できる」ということは、先方にとってのメリットになります。先方のメリットを強調して粘ることは、「熱心な営業だな」と思ってもらうことにつながります。

この「少し」の熱心な粘りが、アポイント率に大きく影響します。

アポイントに結びつける話し方とは?

1 キラークエスチョンで流れを変える

"万全"ということでしょうか?

↓

2 オープンクエスチョンで質問する

どうして?/どんな?/どのように?

↓

3 最後は少しだけ粘る

お役に立つ情報だけでも…

**お客様の心を開き、
メリットを提供できることをアピール!**

Basic works of sales talk

10

トップセールスは相づちの「情感」と「間」が絶妙

!

おもしろいことを言う人より、
話していて「おもしろい人」になる

「そうですね」「なるほど」だけでは質素すぎる

「そうですね」「なるほどですね」「へー」

思った以上に相づちが、質素になっていることは少なくありません。

お客様に気持ちよく話してもらうためには、相づちにも工夫が必要です。

おすすめのコツがあります。それが、この4つ。


1つ目は、時折、相手の言ったことを「反復する」こと。

2つ目は、あえて、相手が感じている「感情を言葉にする」こと。

3つ目は、ネガティブな展開になったら、「ちょっとだけ間《ま》をつくる」こと。

4つ目が、よかれと思っても、「自分の意見を差し込まない」こと。

これさえ守れば、思った以上にお客様との距離が縮まります。

①　相手の言ったことを反復する

「昨日、マネージャー会議があってね。大変だったんだよね」

さて、あなたなら、ここにどんな相づちを入れますか。正解はこうです。
「昨日ですか」でもいいですし、「会議で？」でもかまいません。
相手のセリフの〝一部〟を反復してみてください。
時折でOK。毎回やると、リズムがおかしくなります。

自分の意見を差し込まない

② あえて、相手が感じている感情を言葉にする

これは少し聞きなれない言葉ですが、極めて有効な相づちです。
お客様との会話で見てみましょう。

「実はね、うちのバカ息子が、中学の受験受かったんだよね」
「（　　　　　　）」

さて、何が入るでしょう。

当たり前ですが、間違えても「バカ息子さんが」と反復してはいけません。ここでは、相手の感情を口にしてほしいのです。

コツがあります。**このとき、相手がどう思っているのかを想像します。**するど、どうですか。そうです。「嬉しい」と思っているわけです。

「実はね、うちのバカ息子が、中学の受験受かったんだよね」

「**息子さんが！　それは、嬉しいですね**」

これだけでＯＫ。「わかってくれている」と、距離がグッと縮まります。でも、この言葉がなかなか、とっさには出ないものです。

「**嬉しいですね**」「**楽しみですね**」「**ワクワクしますね**」「**悔しいですね**」「**さびしくなりますね**」等、とっさのフレーズを用意しておくことをおすすめします。

距離が一気に縮まる、知る人ぞ知るテクニックです。ぜひ、使ってみてください。

③ ネガティブな展開になったときには間《ま》をつくる

「実は今度、西日本事業所を撤退することになったんだよね」

「（　　　　　　　　　）」

さて、今度は何が入るでしょう。

「撤退ですか、それは残念ですね」と、間髪を入れずに、すぐに言葉を返してはいけません。深刻さを受けとめたようには見えないからです。相手の感情からすると、ちょっと軽いのです。正解はこう。少し間をつくってみてください。

「実は今度、西日本事業所を撤退することになったんだよね」

「え……そうですか。撤退ですか」

この「……」が間です。いわば、無言の相づち。

ネガティブな展開になったとき、この間こそが「深刻さを受けとめている」というメッセージになります。

相づちがうまい人はココがちがう!

1. 相手の言ったことを反復
2. 相手の感情を言葉にする
3. ネガティブな展開になったときは間をつくる
4. 自分の意見を差し込まない

営業の雑談は常に相手を主役にすること!

④ よかれと思って、自分の意見を差し込まないこと

気をつけたいのは、会話の中で自分の意見を差し込まないことです。

「会話泥棒」になってしまいます。ちょっと見てみましょう。次はダメな例です。

「あそこの中華はうまいんだよねー」

「そうですよね。私も唐揚げを食べましたが、たしか、シェフが元ホテルの調理長なんですよね」

いかがでしょう。ちょっと、鼻につきませんか？　これこそ、会話泥棒。

よかれと思って「意見」を言っているわけですが、かえって会話は盛り下がります。

では、正解を見てみましょう。

たとえ、シェフが元ホテルの調理長とわかっていても、ここではそのことは出しません。聞き役に回ります。

「あそこの中華おいしいよね」

「あそこの店、行かれたのですか。いかがでした？」

これでＯＫ。

営業の雑談は、常に相手を主役にすることです。
おもしろいことを言う人より、話していて「おもしろい人」になることが大事。
つい、知っていることは言いたくなるもの。
しかし、**我慢して聞き役に回るのが得策**です。

Basic works of sales talk

11

担当者に会えないときは名刺を「手紙」にする

!

1回目で会えるほうがむしろレアケース。
不在時の準備を抜かりなく

自己紹介ツール持参がキホン

業種によっては、「飛び込み営業」をすることもあるでしょう。

私もやりました。最初はくじけそうになったものです。

「今は忙しい！」「うちはいらない！」と言われ続けますので、自分を否定されたような気分になるからです。でも、考えてみれば当たり前のこと。忙しい中、いきなり知らない人が来るわけですから、やはり一瞬は迷惑に感じるものです。

では営業としてはどうするべきか。それは、まず「勝ち筋」を持っておくこと。

ここでは、その実践ノウハウを紹介しましょう。


今は、1回で会えないのが普通になりました。セキュリティが強化されているからです。事務所でも、ご家庭でも、インターフォン越しで会話をすることになります。

そこで、今の勝ち筋は**「2回目」の訪問での会える確率を上げることがポイント。**

その具体策が「ツール」にこだわることです。

ここで言うツールとは、自己紹介などをクリアファイルにセットしたもののこと。

自己紹介、お役立ち情報、メリットがわかる資料を1セットにして、担当者の方に会えなかった場合に訪問先に置いていきます。

ツールをご覧いただいた直後に「本日はご担当者様が不在のところ、申し訳ございませんでした。お昼に訪問した際に、資料を置かせていただいたのですが、お手元にございますでしょうか？」と電話をかけると、アポイントがとりやすくなります。

手書きのメッセージは何よりも効果がある

名刺は「営業の顔」だと言いますが、まさにそう。名刺をうまく使えば、名刺はあなたの影武者になって、確実にチャンスを広げてくれます。

名刺の空白にメッセージを書いてみてください。

なかなか会えない「お客様」。なかなか会えない「上位者」。

たとえあなたが会えなくても、名刺があなたのかわりに想いを届けてくれます。

「いつも、ご不在のときに申し訳ございません！　また改めさせていただきます」

「いつもありがとうございます。引き続き、ご指導、ご鞭撻のほど、よろしくお願い

お客様が不在ならコメントで思いを伝える!

株式会社○○○
第2営業部
増田創季
〒123-4567 ○○○○
TEL ○○○○　E-Mail ○○○○
いつもご不在のときに
申し訳ございません!
また改めさせていただきます

いたします」

これらは、私も実践してきた工夫ですが、確実に効果はあります。

「何度も来てくれるから、今回はお宅にお願いしてみようかな」と、会ったこともないのに、おっしゃっていただくことも少なくありませんでした。

名刺をうまく使えば、名刺はあなたを助けてくれます。名刺は交換するだけでなく、ちょっとした「お手紙」にもなるのです。

Basic works of sales talk

12

「相手のルール」に乗れば苦手なお客様も得意に

!

「やりにくいお客様」ほど、
対応スキルを上げるチャンス!

無口だったり、高圧的だったり…

なんだか、歯車が合わないお客様はいませんか。

こちらから一生懸命提案しているのに、無口で何を考えているのかわからないお客様……。高圧的な感じで、「何しに来たの？」と言うお客様……。

苦手だなと思うタイプのお客様でも、実は「ソーシャルスタイル」を理解することで、うまく対応できます。

ソーシャルスタイルとは、アメリカの産業心理学者のデビッド・メリル氏が提唱した〝相手のコミュニケーションスタイル〟に応じて適切な対応をとるメソッドです。

89ページの図をご覧ください。

このように、「感情が出るか・出ないか」「自己主張が強いか・弱いか」、この2軸でタイプを4つに分け、それぞれのタイプに合わせた対応をとる方法です。

各タイプの特性を解説しましょう。

「ソーシャルスタイル」で出方を変える

① ドライバー（イエス・ノーが早く、クールで押しの強い人）

・感情（表情）は出ない。早口で淡々と自分の意見を言う

・せっかちで負けず嫌い。目的のためには、厳しい判断も辞さない

【有名人の例】

本田圭佑、イチロー、柳井正（ユニクロ創業者）、ビートたけし　他

【営業上の留意点】

・ビジネスでは、ビジネスライクがベスト

・結論から話す（結論→理由→具体例）

・スピードを優先する（合理性を優先する）

・提案する際は、相手の意見を反映させる（事前に関心を確認しておく）

② エクスプレシッブ（サービス精神が旺盛で、ノリで話しがちな人）

・感情（表情）は出る。早口

お客様のソーシャルスタイルを理解する!

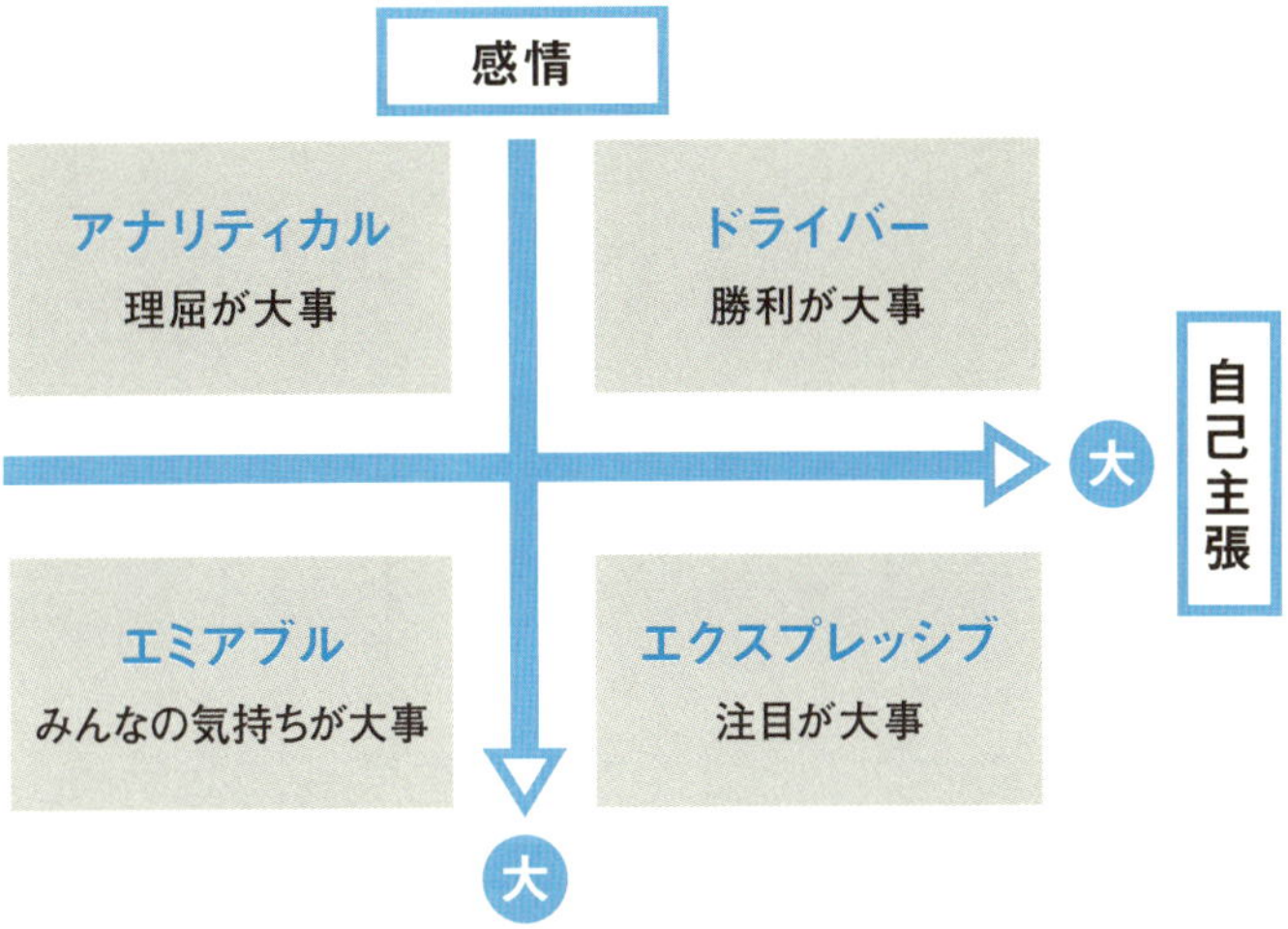

・明るい雰囲気。自分の思いを思いつきで話す
・ノリを重視。注目されたい。新しいこと、話題性のあることが好き

【有名人の例】
長嶋茂雄、明石家さんま、他

【営業上の留意点】
・話題になることに関心が強いので、提案の際には「おもしろさ」「新規性」を訴求する
・「おもしろい話ある?」とたずねる傾向がある。ささいなことでもいいので答えられるようにする
・関心が冷めやすいので、ご契約いただく際は、早い段階（その場がベスト）

でいただく

③ エミアブル（イエス・ノーを明確に言わない柔和な人）

・感情（表情）は出る。話すより聴く。明るい雰囲気で人の話を聴く人
・人の気持ちや全体の調和を重視。平和志向。礼儀や道徳を重視

【有名人の例】

小堺一機、稲葉篤紀（元野球選手）他

【営業上の留意点】

・柔和な雰囲気を好む。笑顔、雑談も大事
・気配り、心配り、思いやりを大切にする（粗雑な人は苦手）
・スピードより「人の気持ち」を優先する
・提案する際は、誰かに喜ばれる提案であることを伝える

④ アナリティカル（物静かで、筋道を大事にする人）

・感情（表情）は出ない。話すより聴くことが多い人

・データや情報、理論、法則を分析し、独自の見解を持つことが好き

【有名人の例】

又吉直樹（お笑い芸人）、石破茂（政治家）、稲盛和夫（京セラ創業者）他

【営業上の留意点】

・静かで沈黙が多い。相手のペースに合わせることが大切。沈黙も少し待つ

・ノリや雰囲気で押し切られることを嫌う。じっくりと話を聞く姿勢が大事

・慎重に。何かを決める際は「実例・データ」を見て、理屈を組み立てる

・提案する際は、相手の「大事にする理屈」に合った提案であることを伝える

（事前に関心を確認しておく）

あらゆる人とうまくやる鍵は、「相手のルール」で考えることです。

そのルールを見破る地図、それが「ソーシャルスタイル」なのです。

ぜひ、ちょっと「やりにくいな」と思ったときは、ソーシャルスタイルで考えてみるといいでしょう。

Basic works of sales talk

13

ここぞというとき、上司同士を引き合わせる効果

!

年末年始のタイミング、
お客様の新たな期の始まり…

決裁権を持っている人は誰か？

お客様を担当するようになったら、意識しておきたいことがあります。

それは**「会う人を増やす」**ことです。

とくに法人営業の場合はそうです。複雑な力学が働いています。

窓口になってくださる担当者の方を大切にすることは、絶対のルール。

でも、忘れがちなのが、その上司の方、または社長、はたまた、そのサービスを利用する現場の声です。

先に結論を言いましょう。営業が訪問すべきは、「担当者」「担当者の上司」「社長」「あなたの会社のサービスを利用する現場の人」です。

担当者の上司に会う理由は、決裁権を持っているのは担当者ではなく、上長であることが多いからです。

担当者が起案したものを上司が決裁するのですが、そのときにあなたと担当者の上司と信頼関係ができていれば、提案が通りやすくなります。

圧倒的に提案が通りやすくなる

トップの考えは、担当者の課題に極めて大きく影響します。
大口のお客様なら、必ず会っておいたほうがいいでしょう。
このとき、あなただけではなく、あなたの上司にも会ってもらってください。

年末年始のタイミング、お客様の新たな期の始まり（3月末決算の会社なら4月）。お願いの仕方は、「日頃のお礼を込めて、一度ご挨拶をしたいとウチの上司が申しております」と伝えます。

全体の方針を聞き、トップが感じている課題を聞き、またトップが信頼を寄せている人は誰なのかを知る機会にしてほしいのです。

私の経験でもそうですが、社長の意向を聞くことで、提案をしやすくなったことがかなりありました。また、副次的な効果もあります。

「年始に食事をしながら社長から伺ったのですが……」と言うと、一気に〝身内〟のように接していただけるようになります。

また、現場の声に関心を持ってほしいのです。次の提案の切り口をキャッチアップできるからです。

自動車の法人契約なら、利用者は総務の担当者ではなく、営業所員でしょうし、派遣の営業なら、派遣先は人事の部署ではなく、現場です。

ここで注意点をひとつ。担当者に嫌われたら営業はできません。

担当者の顔を立てながら、進めることです。

まず、「担当者の上司」「社長」「あなたの会社のサービスを利用する人」に対し、最初の接点を持つときは、担当者から紹介、もしくは了承をもらってください。勝手に営業をされると担当者は困ることもあるので、必ず「営業ではなく、情報収集が目的。必ず報告する」ことを伝えてください。

その後必ず、進捗があるごとに、担当者に「お礼と報告」をしましょう。

担当者を大事にしながらも、あらゆる方々と会っておく。それだけで、一気にチャンスが広がります。

Basic works of sales talk

14

会いたくなる「情報」をいつも手土産にする

!

「とにかく会ってほしい」では
相手に引かれて当然

「何があれば喜んでもらえるかな」と考えるクセを

「とにかく会ってほしい。1分だけでもいいので」

よく聞くフレーズですが、よくよく考えると、こんな一方的な要求が受け入れられるはずがありません。

デートにたとえるなら、

「とにかく、デートしてほしい。1時間でもいいので」

と言っているに等しいわけで、言えば言うほどに嫌われてしまいます。

「その日、近くに行くので会ってほしい」と言うのも一緒。

これも営業マンがよく使うフレーズですが、ちょっと自分勝手だなと思われても仕方ありません。

では、会いたくなる営業になるためには、何をすればいいのか？

簡単です。**会うときは、常にメリットを提供すること**です。

これも、私が言うまでもないのですが、営業には**「好意の返報性」**という心理作用が働いています。

好意の返報性とは、社会心理学者ロバート・B・チャルディーニ著『影響力の武器』（誠信書房）でも紹介された心理作用のことで、人は何かをしてもらったら、何かを返さないと落ち着かなくなる心理のこと。

試食を食べたとき、そのまま立ち去るのは悪いな、と思うことはないですか？

あれです。あれを「好意の返報性」と言います。

営業も一緒。普段から**「いつも、よくやってくれるな」と思ってもらえているなら、「会いましょう」となりやすい**わけです。

会いたいと思われる営業マンは、このことを敏感に感じています。

評判になったお手製「終電時刻表」

だからといって、何もお土産をあげましょう、ということではありません。

今の時代、あまり金品はよくありません。拒否する会社もあります。むしろ、今の時代は、**相手が「へぇ！」となる情報を持っていくことのほうが喜ばれます。**

ずいぶん昔のことですが、私が新人のとき、大阪のクラブ街である北新地のラウンジで営業担当をしていたことがありました。

北新地のラウンジは超高級で、20代の営業マンが客として行ける店ではありません。「ママさんは何があると喜んでもらえるかな」を妄想をするしかなかったのです。

あるとき、考えたのは「最終電車の時刻表の早見表」。

まだ、スマホのアプリがない時代です。

レジの横の壁に貼ってもらえるよう、邪魔にならない小さなサイズで印刷をしてつくりました。

きっと、「ママ、終電って何時だっけ?」と言うお客様もいるだろう、という妄想からの実験でした。

これは、思った以上に喜ばれました。

北新地は狭く、すぐに評判は広がったことを覚えています。

「あー、君なの。最終電車の時刻表をつくった人は。あれ、いいやん!」

訪問した際に、歓迎してくださるママさんが増えたことを実感したものです。

会うときは、可能な範囲でもいいので、「何があれば喜んでもらえるかな」と先方のメリットを見るようにしましょう。

たとえ、少し外れていたとしても、その姿勢は嬉しく、確実に会ってもらいやすくなります。

第3章

契約率が大幅アップ! 商談のステップ

Basic works of sales talk

Basic works of sales talk

15

ステップを踏まない商談は9割成約までいかない

!

ムダをなくし、より確実に
成約に至るためのセオリー

ダメもとでゴリ押ししていませんか？

いよいよ、商談におけるステップにまいりましょう。
今までに、こんなことはなかったですか？

・たくさん会話をしたにもかかわらず、話があっちこっちに行ってしまい、雑談で終わってしまった
・先方は「いらない」と言っているのに、ダメもとで商品の説明を始めてしまった
・せっかく興味を持ってくださっているのに、最後のひと押しができず、すごすごと引き返してしまった

今から紹介する商談の基本ステップは、そんなムダをなくし、より確実に成約に至るためのセオリーです。

商談には「名刺交換」から「契約」に至るまでに、**①ラポール　②ヒアリング　③プレゼン　④クロージング**の4つのステップがあります。このステップを覚えるこ

商談の基本ステップ

❶ラポール	警戒心を解き、話しやすい場をつくる
↓	
❷ヒアリング	御用を聴くだけでなく、 隠れた問題を教えていただく
↓	
❸プレゼン	問題を解決する方法を提案
↓	
❹クロージング	納得の上、契約の合意をいただく

とで、成約率が高まるばかりか、実はお客様の満足度も高まります。

私が新人の頃、悲惨な体験をしました。ダメもとで大手商社に飛び込みで訪問したときのことです。

いきなりの訪問にもかかわらず、なんと応接室に通していただいたのです。

通された応接室で待っていると、そこに現れたのは人事部長です。

「今日は、どんなご用意ですか?」

「ご、ご挨拶だけでも、と思いまして……」

「そうでしたか」

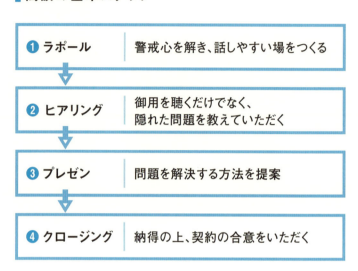

「ところで、アルバイトを募集されることはありますか?」

「えっ、バイト?　う～ん、どうしてですか?」

「私がアルバイト情報誌の営業なものでして……」

「そうでしたか。バイトは募集していないな……。せっかくお越しいただいたのに、ごめんなさいね」

「いえ、私のほうこそ、申し訳ございませんでした」


ご丁寧にエレベーターまで見送っていただき、ビルを後にしました。

人事部長が時間をつくってくれたのに、まったく期待外れな時間になってしまったこと。これではいけないな、と心から思った瞬間でした。

このときに正しい商談の流れを知っていたら、チャンスを逃さずに、お客様によい提案ができていたかもしれません。

正しい商談は、契約率を高くするだけではなく、お客様の満足を高めることでもあります。有意義な営業をするためにも、この商談の4ステップを覚えていただきたいのです。次の項目からさっそく、各ステップのコツを紹介していきましょう。

Basic works of sales talk

16

名刺交換の15秒で「警戒心」を解除する

!

ほめ言葉はあくまで自然に、
ひとことで言い切る

天気の話ではちょっと弱い

最初のステップは「ラポール」から始まります。

ラポールとは、話しやすい場をつくるために、軽く雑談することを言います。

フランス語を語源とした心理学用語で、「架け橋をかける」といった意味です。


ちょっと想像してみてください。あなたが、営業を受ける立場で、初対面の営業マンに会うことがあったとしましょう。

「マジ？　せっかくなので、話を聞いてみよう！」とは、思わないでしょう。

ここが、病院の先生や、コンサルタントといった仕事とは異なる点。

職業のよし悪しではなく、入り口の期待値がちがうから。

でも、がっかりしないでください。ちょっと考えてほしいのです。


先方が本当に何の期待もしていなければ、わざわざ名刺交換をしてくれません。

そこには、〝何らかの期待〟もあるから、名刺交換をしてくださるわけです。

つまり、**「少し期待はしている。だけど、その前に警戒がある」、これが営業のスタート。**だから、まず「警戒心」を解いてもらわなければならないのです。

よく「天気の話をすればいい」と営業の教則本には書いてあります。もちろん、それも正解のひとつでしょう。でも、ちょっと弱い。もっと、こちらに関心を持ってもらわないと。「えっ、そう？　ほんと？」となるくらいに。

そう思ってもらう会話の流れは次のようなものです。

ラポールの3ステップトーク

名刺交換をして、着席したら、次の流れで会話を展開してみてください。

①　会ってもらったことのお礼を伝える（例：お会いできて嬉しいです）

②　相手の「ほめどころ」に関心を示す（例：受付の皆様の笑顔に驚きました）

③　それは、なかなかないと伝える（例：毎日訪問しますが、なかなかないです）

このように、一瞬で「そうですかね」「本当に?」と思っていただくことがポイント。

これが天気だと、どうでしょう。

「今日も暑いですね」「そうですね」となるでしょう。

この「そうですね」では弱いわけです。

初対面は警戒心を解くことを考えてみてください。

その鍵が「そうですかね?」「本当に?」と思ってもらうことなのです。

ただし、〝くどくど〟言わないこと。ひとことで言い切るのがキホン。

ここでやりすぎると、「おべっか」を使っているように見え、かえってインチキくさくなります。

あくまで自然に、短く。ぜひ、トライしてみてください。

きっと、話しやすい空気になるはずです。

Basic works of sales talk

17

2回目以降、「身内」に近づく黄金フレーズ

!

「人」「もの」「情報」…
お客様の関心事に触れる

「実はあなたなので言うけど…」の関係を目指す

次は、何度かお客様に訪問しているときのラポール。
初回と2回目以降では、ラポールの目的は変わります。
初回の目的は「警戒心を解く」ことでした。
2回目以降は、「身内になる」ことを意識します。

いつまでたってもビジネスライクだと、お客様に本音を教えてもらえません。

「実は、あなたなので、言うけどね……」
これが、我々が目指す関係です。
では、どうすれば、こうなれるのか。おすすめの方法を紹介しましょう。
まず、お客様にとっての関心事に触れてみてください。
関心事といっても、ちょっとわかりにくいですね。
次のように、〝人〟〝もの〟〝情報〟の観点で想像します。

まず、〝人〟だと、こんな感じ。

・そろそろ、新卒のみなさんも現場に配属になったのではないですか？
・3課の高橋さんとエレベーターでばったりお会いしまして……
・そういえば、息子さんの優斗君、そろそろ受験じゃないですか？
※個人名で話せれば、効果はアップ

〝もの〟なら、こんな感じ。

・先月に出たA200は、いかがですか？
・今月の季節メニュー、楽しみですね。出足はいかがですか？
・玄関のお花、先月と変わりましたね。奥様のご趣味ですか？

最後に〝情報〟です。

・今月が期末ですね。いかがですか、今期のご様子は？
・駅前のスーパー、改装するらしいですよ。

このように、「相手の関心のあることに関心を寄せる」ことを繰り返せば、確実に

"お客様の身内"にしていただくには?

人

(例) 息子さんの優斗くん、
そろそろ受験じゃないですか?

もの

(例) 玄関のお花、
先月と変わりましたね!

情報

(例) 駅前のスーパー、
改装するらしいんですよ

↓

で心をつかむ

**お客様の興味に関心を寄せると、
ビジネスライクな関係から一歩前進!**

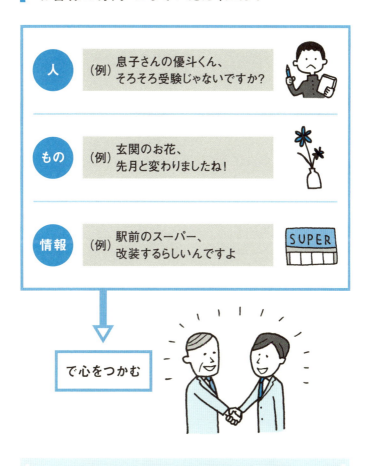

身内に近づけます。

どんなときでも使える「お忙しそうですね」

それでも、ネタを思いつかないときもあるでしょう。
困ったときの黄金フレーズを紹介しましょう。
それは、「お忙しそうですね」です。
これは、かなり便利。
しかも、お客様が情報を教えてくださる〝きっかけ〟にもなります。

法人営業なら、

営業　「やはり、お忙しそうですね」
お客様「そう見えますか？　期末なのでかなり忙しいですね」
営業　「そうか、期末でしたね。山田課長は、どんなことでお忙しいのですか？」
お客様「来期の人事体制の準備で大変なんです」

営業　「そうでしたか。体制が大きく変わるのですか？」
お客様「まだ、細かくは言えないのですが……」

　個人営業なら、

営業　「**お忙しそうですね**」
お客様「保育園のお迎えがあるんです」
営業　「そうか、今、優斗君、年長さんでしたっけ？」
お客様「はい。ホント、あっという間です」
営業　「お受験はされるのですか？」

　いかがでしょう。
とても便利なフレーズなので、ぜひ使ってみてください。いろいろな情報を聴くきっかけになるでしょう。

Basic works of sales talk

18

お客様から本当のニーズを言ってもらえることはないと心得る

!

どんなことに困っているか、
ヒアリングで必ず確認

新人が言いがちな「ニーズがないので難しい」

商談のステップでもっとも重要なもの、それがヒアリングです。
営業会議では「ニーズがなかったので難しいです」という会話が聞こえます。
でも、そこに違和感を持ってほしいのです。
正確には、ニーズは「あるもの」ではなく、「つくるもの」だからです。

まず、前提。ヒアリングは、「ニーズをつくること」が目的だと考えてください。
ニーズとは「○○したい」という、お客様の欲求のことを言います。

第1章（33ページ）でも述べた、風邪薬を販売するシーンで紹介しましょう。
さて、あなたは薬局の薬剤師だとします。
次の会話を読んでください。

お客様「ちょっと風邪をひいたみたいで、一番安い薬をもらっていいですか？」

薬剤師　「かしこまりました！　この薬は４００円です。一番安い風邪薬です」

この会話は、いわゆるダメな例です。
どんなことに困っているかを確認していません。

「それがほしかった！」を掘り起こす質問トーク

では、正解例を紹介しましょう。ちょっとだけトークを変えてみますね。

お客様　「ちょっと風邪をひいたみたいで、一番安い薬をもらっていいですか？」
薬剤師　「かしこまりました！　ところで、どうなさいましたか？」
お客様　「咳が止まらなくて……」
薬剤師　「そうでしたか……。ちなみに、いつごろからですか？」
お客様　「もう、１週間かな……」
薬剤師　「さぞ、おつらいですね」
お客様　「まあ、そうですね……」

ニーズはこうつくる!

✕ お客様の言った通りのものを提案する

○ お客様の状況に合ったものを提案する

お客様の困っていることを知ることが大事

薬剤師　「生活での支障はないですか？」
お客様　「いや、咳込んでしまって、夜が寝られないんですよね」
薬剤師　「そうでしたか。寝る前ですか？　寝ているときですか？」
お客様　「寝る前です」
薬剤師　「かしこまりました。いくつかよい薬があります」
（次の３つの薬を並べる）

Ａ　【咳止め成分】◎　【入眠効果】◎　【料金】１２００円
Ｂ　【咳止め成分】○　【入眠効果】○　【料金】１０００円
Ｃ　【咳止め成分】○　【入眠効果】×　【料金】８００円

薬剤師　「いかがでしょう？」
お客様　「うーん、そうだな、（　　）の薬をひとつください」

さて次の質問です。

あなたは「A／B／C」のうち、どの薬を選びますか。

私の研修での結果は、A：2割　B：7割　C：1割。

つまり、安い薬を選ぶのは1割程度。

「もっとも安い薬をください」といったニーズがなくなり、「咳を止めて、早く寝たい」というニーズがつくられました。


そこで、営業の我々は確認しておくべきは、このときのお客様の満足度です。

もちろん、後者のほうが満足度は高くなります。

このように、ニーズをつくることができれば、「お客様の満足」も高まり、「売上」も上がるのです。

Basic works of sales talk

19

どこに「不安・不便・不満」があるか粘り強く聞き出す

!

お客様がふだん意識していないことに
質問を繰り返すことで、気づいていただく

ヒアリングには「黄金の流れ」がある！

では、実際の営業では、どのようにヒアリングを展開すればよいのでしょう。
実は、ここにも「黄金の流れ」があるのです。全部で4つです。

【ヒアリングの流れ】

① まず「**状況**」を確認する
② その次は「**問題**」を教えていただく
（実はね……と打ち明けてもらう）
③ さらに「**リスク**」に気づいていただく
（その問題が解決できないと、どうなるのか？）
④ 最後に「**プレゼンの合意**」
（対策があるなら聞いておきたい、と思っていただく）

ニーズをつくるために、とくに重要なのは2つ。

「問題を教えていただく」「リスクに気づいていただく」のところです。
これも、ちょっとわかりにくいですね。トークを入れて見てみましょう。

① まず「状況」を聞く

「過去・現在・未来」の軸で、ご利用の「状況」「予定」などを聞きます。
このとき、その背景も確認すると、より正確に把握できるでしょう。

営業「今は、どちらの製品をお使いなのですか？」
先方「A社の〝製品α〟を使っているのです」
営業「そうでしたか。教えてくださり、ありがとうございます。使ってみていかがですか？」
先方「とくに故障もないので、問題ないですよ」
営業「以前は、どちらの製品をお使いだったのですか？」
先方「10年前までは、B社の製品を使っていたのです」
営業「それは安心ですね。ちなみに、製品αを選んだ背景は何かあるのですか？」

ヒアリング黄金の流れ

1. **状況確認**
2. **問題を教えていただく**
3. **リスクに気づいてもらう**
4. **プレゼンの合意**

先方「A社の営業マンと付き合いが長いんですよ。もう10年くらいになるかな」

営業「今後、切り替えを検討をされることもあるのでしょうか？」

先方「うーん、5年後ですかね」

② 次に「問題」を聞き、ニーズを探る

ここからが勝負。しっかりと「問題」を伺うと、5年後でないかもしれません。いよいよ「問題」を教えていただき、ニーズづくりへの第一歩です。

「問題」とは、お客様の、ちょっとした「不安・不便・不満（3つの不）」のこと。

ここで、「実はね……」と、切り出し

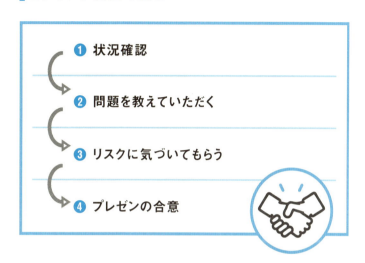

てもらいます。ラポールが必要なのは、このためです。例を見てみましょう。

問題とリスクに気づいてもらう

営業「10年の付き合いなら安心ですね。ぜひ、勉強のために、お伺いしたいのですが、A社様の製品に特定した話ではなく〝ちょっと不便だな、こうなると、もっといいのに〟と思うことはありますか？」

先方「うーん、難しいですね……」

営業「失礼しました。聞き方が悪かったかもしれません。もし、あるとしたらで結構です。こうなったらいいのにと思うことはありますか？」

先方「アフターサービスはもう少し充実していたらいいかな」

営業「どうしてですか？」

先方「深夜にトラブルが起こったときに相談できないんだよね」

営業「そうでしたか。どんなことがあるのですか？」

先方「すぐに対応できないと、お客様に迷惑をかけるんだよね」

営業「なるほど、ということは、深夜シフトの方にとって、ヘルプデスクが営業時間外なのが、ご不便になっているということですね」

先方「そうなんだよね」

ここで、「深夜シフトの方のために、夜中にも対応できるヘルプデスクが必要だ」といった点がニーズである可能性が生まれました。

でも、まだ、ニーズとは言い切れません。

③ いよいよ「リスク」を確認し、ニーズを特定

次に、その問題が解決できないと、どうなるのかを考えていただきます。

営業「その問題が解決できないと、どのようなことが起こるのですか?」

先方「そりゃ、マニュアルやネットで解決法を探すことになるよね」

営業「そういうことでしたか。でも、それの何が問題なのですか?」

先方「今、生産性の向上が会社の方針なんだよね。ムダは省かないと」

営業「と、おっしゃいますと?」

先方「え、ささいなことだけど、この積み重ねが残業になってしまうんだよ」
営業「教えてくださり、ありがとうございます」

これで、ほぼニーズが特定できました。

すぐにプレゼンに入るのはダメな商談の典型

④ 最後は「プレゼン」への関心を高める

最後に、「解決策を提示できるかもしれない」ことを伝え、プレゼンへの関心を確認します。

「ひょっとしたら、解決策を提示できるかもしれません。お話しさせていただいてもよろしいでしょうか？」
「あるの？　じゃ、聞いてみようかな」

これで、プレゼンの合意がとれました。

ニーズをつくるために、4ステップでここまでヒアリングします。

営業現場で「ヒアリングが浅い」「もっと、ヒアリングを深くせよ」という言葉が飛び交いませんか？　あれ、このことです。

ダメな商談は、いきなり「状況」→「プレゼンの合意」になっているのです。

もちろん、最初からニーズが転がっていれば、ヒアリングが浅くても、成約には至ります。モノ不足の時代はそうでした。でも今はそんな時代ではありません。

さらに言うと、お客様が口にしたニーズも「真のニーズ」でないことがしばしばです。先ほどの薬剤師の例が、まさにそれでした。


まず、大事なのは、「問題」→「リスク」の流れを通過すること。このステップを踏むことで、「本当のニーズ」をつくることができます。


私も、営業を受けることがありますが、この流れができている営業マンと会うのは楽しいものです。自分がふだん意識していないことに気づかせてもらえるのは、カウンセリングやコンサルを受けている感覚にもなるからです。

それだけでも、会ってよかったなと思います。

Basic works of sales talk

20

プレゼンは商品のよさを語るものではない

!

お客様が知りたいのは「他と何がちがうか」「自分にどう関係するか」

「商品購入のその後」に焦点を当てる

さて、いよいよプレゼンテーション（プレゼン）です。
プレゼンは「パンフレット」を取り出して、特徴を説明することではありません。
ましてや、ライバル会社の商品よりも優れている、と強く押すことでもありません。

では、何を伝えるのか。

プレゼンとは、購入のその先、つまり「いかに問題が解決できるか」を伝えることです。

営業におけるプレゼンに定義をつけるとしたら、こういうこと。

・商品・サービスを通じて、
・抱えている問題（不安・不便・不満）が解決できることを
・根拠を添えて、
・わかりやすく伝えること

少し解説を加えます。

お客様が思っていることは、次の2つです。

「他と何がちがうのかな」

「自分（たち）にとってどう関係するのかな」です。

だから、商品のメリットをひたすら強調するプレゼンではダメ。

「商品のことはわかった。で、どんなメリットが得られるの」となってしまいます。

では、どうすべきでしょう。

お客様の心理を考えれば簡単です。

焦点を「商品」ではなく、「商品購入のその後」に当てることなのです。

「使いやすい」「時間短縮になった」など現場の声を

では、具体的なプレゼンテーションの流れを説明しましょう。

「PREP法」という、基本のプレゼンテーションの技法を紹介します。

セリフ例も入れてみました。次の図をご覧ください。

PREP法を使えばわかりやすく伝わる!

Point	結論	〈例〉購入のメリット
Reason	理由	〈例〉その根拠
Example	事例	〈例〉購入したらどうなる?
Point	結論を繰り返す	〈例〉上のポイントを繰り返す

それはよさそう!
「作業時間が半分になる」と、好評をいただいています

**商品のよさではなく、
購入後のリアルなイメージを持っていただく**

ひとつ目は、何を最初の「Ｐ：Ｐｏｉｎｔ」に持ってくるか、です。

最初の「Ｐ：Ｐｏｉｎｔ」で話すのは「どんなメリットを得られるのか」です。

「商品の機能」や、「ナンバー1のシェア」といったことではありません。

これらは、「Ｒ：Ｒｅａｚｏｎ」に持ってくるべきだと考えておくといいでしょう。

次に「Ｅ：Ｅｘａｍｐｌｅ」の説明。購入後のイメージを膨らませていただきます。

「導入いただいたお客様からは満足を頂戴しています」と言うだけではワクワクしません。

シーンで語ってみてください。利用者の声やあなたが見たこと等を添えると、イメージが鮮明になります。

似たところでは、健康食品のＣＭ。よく利用者が語っていませんか？

「○○を飲んでから、膝の痛みが取れて、出かけるのが楽しくなった」というような声。あれです。

営業なら、こういった具合になります。

「皆様から『使いやすくていい。作業時間が半分ですむ』という声を頂戴しています」

まとめましょう。プレゼンは商品のよさを伝えることではありません。購入のその先にある、素敵な光景をわかりやすく伝えるものなのです。

Basic works of sales talk

21

ベストプランは「選択式」で提案する

!

売上がほしいだけのプレゼンは絶対NG

お客様の希望プランと並べる

お客様の言いなりになってはいけないときがあります。

どんなときだと思いますか。

そうです。「もっと、いい方法がある」とあなたが思っているときです。

お客様からは、10万円以内の予算で考えてほしい、と言われたとしましょう。

でも、営業のあなたから見ると、プラス5万円を出していただくと、よりご満足いただけるはず、と思うときもあるでしょう。

そんなときは「選択肢」を示し、選んでいただく流れがおすすめです。

具体的にはこうします。

A案を「お客様が希望される条件でのプラン」、B案を「あなたが考えるベストプラン」として、B案にあなたの本命案を持ってきます。

その上で、「メリット」「デメリット」を説明し、選んでもらうのです。

説明の流れがすごく大事です。次のページの図をご覧ください。


実際に私が求人広告の営業をしていたときの流れをお伝えします。

まず、当然ですが求人広告は、人が不足したときに募集を出します。

でも、時には、すぐに採用が決まらないこともあります。緊急の際、あってはいけないのですが採用基準を下げたり、条件を上げて募集することも少なくないのです。

そうならないために、こんな提案をしていました。

メリットデメリットを誠実に提示する

《選択肢を提示》
ひとつは、人が不足してから募集をかける方法があります（A案）。
もうひとつは、人が不足していないときに募集をかける方法です（B案）。
どちらにも、メリットとデメリットがあります。
↓
《A案から説明》

ベストプランを提案する方法

お客様に2つ案を出す

A案：お客様が希望される条件でのプラン
B案：あなたが考えるベストプラン

↓

A案「メリット」 ➡「デメリット」の順で伝える
↓
B案「デメリット」➡「メリット」の順で伝える（A案の逆）

↓

どちらがしっくりきますか?

本当によいと思うプランがあれば、
お客様に“選択肢”を提示しよう!

まず、前者のメリットは、1回で人が決まれば、最小限のコストですむ点です。

一方、デメリットは、もし、1回でよい人材と巡り合えなかった場合、募集予算を超え、採用基準を下げる事態にもなる、ということも少なくないのです。

←《次にB案》

次に、『人がいるうちから採用をかける』、いわゆる計画的に募集をする方法です。

やはり、デメリットは、最初に予算を確保しないといけない点にあります。

一方で、その分メリットがあります。リスクから解消される、ということです。

人不足の不安、予算を超える不安から解放されることはもちろん、採用基準を下げなければならないリスクからも解放されるメリットがあります。

←《選んでもらう》

営業「今の課題を考えると、どちらがフィットしますか?」

先方「うーん……。そう言われると、後者かな」

営業「私が課長の立場でしたら、同じ選択をします」

いかがでしょうか。

このように、選択肢を示し、メリットとデメリットを紹介してみてください。

本当によいと思うプランがあれば、**言いなりになるのではなく、選んでもらうことも誠意**です。

売上がほしいだけのプレゼンは絶対にNG。

リピート率が悪化するだけでなく、会社の信頼を失います。

Basic works of sales talk

22

クロージングは実はサービスである

!

よかれと思ってクロージングしないのは
お客様に失礼

お返事は必ずその場でいただいて帰る

さて、いよいよ商談の締めくくり、クロージングです。

クロージングとは、ご契約いただくアプローチを言います。


あなたはクロージングが得意ですか？　それとも、苦手ですか？

なぜ聞いたかというと、営業マンの多くがクロージングを苦手としているからです。

その理由を聞くと、1点に集約できます。


「急に商売っぽくなるので抵抗がある」ということ。

急にクロージングをしてしまうと、嫌われてしまうのではないか……。


実は、私も最初はそうでした。でも、お客様のことを考えるなら、まったく逆。

むしろ、クロージングをしないと、お客様は不満を感じます。

クロージングをしない営業マンの商談を私も受けることがあります。これは私だけではないのですが、担当者の誰もが思うこと、それはきちんとクロージングしてよ、なのです。クロージングのない商談はこんな感じです。


「いかがでしたでしょうか？」

「いいね、ちょっと考えてみようかな」

「ありがとうございます。いつお返事いただけますか？」

「じゃあ1週間、時間もらってもいいかな？」

「かしこまりました。またそのタイミングでご連絡します」


一見すると、問題なさそうですが、ダメです。なぜか、わかりますか？

このときのお客様の心理を想像してみてください。

「提案は悪くない。でも、少し不安だな……。他社の提案も受けてみようかな」

「がっついていないのはいいけど、あまり熱意を感じないな……」

「こっちは忙しいのだから、本当は一度にすませてくれると嬉しいんだけどなぁ」

よかれと思ってクロージングをしないのは、実は自分の都合にすぎず、お客様は、そんな姿勢に不足を感じたりするわけです。

2段階でクロージングすると押しつけがましくない

では、クロージングのある商談とは、どんな感じなのでしょうか。

ちょっと見てみましょう。


「いかがでしたでしょうか？」

「いいね、ちょっと考えてみようかな」

「ありがとうございます！　よろしければ、お見積もりをご用意しましょうか？」

「そうだね。お願いします」

「もし、差し支えなければですが、
先にご契約の書類をいただくことは可能でしょうか」

「そうだね。いいよ」


この流れこそが、ベストです。実は、このクロージングは2段階になっています。

「では、お見積もりをご用意しましょうか？」がテストクロージング。

クロージングは2段階

① テストクロージング

（例）お見積もりをご用意しましょうか？

↓

② ダイレクトクロージング

（例）ご契約書類のご記入をお願いできますか？

テストクロージングで、お客様の意思を確認した後、「ご契約の書類をいただくことは可能でしょうか？」とダイレクトクロージング。
この2段階でクロージングをかけると、押しつけがましさはなくなります。

クロージングは、勇気を持って、スパッと言うことが大事。
でも、拒否されたらと思うと不安ですよね。ここからが、本当の勝負です。
では、その方法を見てみましょう。

クロージングの際、お客様からの反論があったときこそ、しっかりと聞くことが大事なのです。

絶対にやってはいけないこと。それは、説得をしてしまうことです。むしろ、反論を歓迎してください。**反論は、不安や疑問がクリアになっていない、というサイン。**ここを丁寧にすることが、お客様の納得度を高めるからです。

決断を躊躇する理由は4パターン

まずお客様の反論は、①誤解　②限界　③決裁が別　④迷いの4種類に分類されます。それぞれに対し、適切な対応の取り方があります。

①　お客様の「誤解」に対する対応

【言葉】「本当に大丈夫なの?」「やっぱり相場からすると高いんじゃないの?」
【背景】お客様の情報不足
【対処】安心していただくために、情報を提示する
「失礼しました。こちらのデータをご覧ください」

② こちらに「限界」があるときの対応

【言葉】「せめて初回は無料にしてよ」「満足できないときは、返品させてよ」

【背景】お客様の過度な要求（交渉であることも）

【対処】ヒアリングで聞いた「リスク」を持ち出す

「申し訳ございません。何卒ご容赦ください。ただ、このままでは、残業が発生してしまうこと、何よりも従業員の皆様にしわ寄せがいくことを危惧されていました。いかがでしょうか？　精一杯、努めさせていただきます。ぜひ、一緒にチャレンジさせていただけませんか？」

③「決裁」がない

【言葉】「自分だけでは決められない」

【背景】決裁者が別にいる

【対処】・担当者自身の意思を確認する

・稟議の流れを確認する

・できれば、決裁者に合わせてもらう

・それが叶わないなら、稟議用の資料を用意する
・返事を待つのではなく、決裁のタイミングを確認し、こちらから連絡する

④ **ただの「ためらい」**

【言葉】「悩ましい」「難しい」(理由があるわけではない)
【背景】決めることに不安がある（これも、理由があるわけではない）
【対処】背中を押す
「私にチャンスをいただくわけにはまいりませんでしょうか?」
「私を信じていただくわけにはまいりませんでしょうか?」

このように、多くの場合、お客様からの反論はあるものです。

ただ、これは反対されているわけではなく、疑問や不安を解消したいため。

納得してから契約したいのは当然のことです。しっかりと丁寧に対応することが重要なのです。

Basic works of sales talk

23

今日の失注を数ケ月後、数年後の受注につなげる

!

タイミングが来たときに、
相談していただける関係をつくっておく

定期的に接触を持つ「管理顧客」リストへ

もちろん、せっかく商談をしても断られるのがほとんどです。このとき、それで終わりにするのではなく、定期的に接触を持っていただきたいのです。

この定期的に接触を持つお客様（まだ、お客様にはなっていませんが）のことを、「管理顧客」と言います。

いただいた名刺をリストにし、

・1ヶ月に1回はメール（メルマガ）
・3ヶ月に1回は電話（頻度は業種により異なる）
・定期的な「フェア」の案内

等を通じて、**常に〝いつでも、おそばにいる〟関係をつくります。**

そうすることで、タイミングが来たとき、こちらに相談が入るという流れをつくっておきます。

断られても「素敵な残り香」を残す

目の前の担当者に、ケンもホロロに対応されることもあるでしょう。

そんなときは、「一応、ぜひ資料だけでも」と渡して、きびすを返すわけですが、意識しておきたいことがあります。

それは、「なかなか、いい営業じゃないか」と思ってもらえる〝残り香〟を残していくことです。**断られた後の姿が、あなたのブランディングになる**と思ってください。

具体的にはお忙しい中、会ってくださったことに対する感謝を伝えることです。

「お忙しい中、ご丁寧に接していただきまして、これほど、うれしいことはありません。本当にありがとうございました」

たとえ、ケンもホロロな対応であっても、わざわざ対応してくださったことへの感謝の気持ちは、必ず持っておきたいものです。

断られても、よい印象は残す。

これも営業の一環。チャンスとなって返ってくると思ってください。

第 4 章

「あなたから買いたい」と思われる人の印象戦略

Basic works of sales talk

Basic works of sales talk

24

「上場企業の社長に紹介されても大丈夫」な外見か？

!

営業は見た目と声のトーンが9割

身だしなみは思っている以上に大事

正直に言います。営業では、ルックスが圧倒的な武器になります。「メラビアンの法則」を持ち出すまでもなく、売れる営業とそうでない営業は、一瞬でわかります。

ちなみにメラビアンの法則とは、人に影響を与える要素を説明する心理学の理論。見た目が55％、声のトーンが38％、話す内容は7％にすぎないという理論です。**見た目で、人に与える影響の半分を占めるのです。**ここをおろそかにはできません。

とはいえ、営業では、イケメン、美人が条件、ということではないのです。次の3つの要素をクリアしておけば大丈夫。

第1の要素「清潔」

・髪の毛はセットされているか？
・毎日、靴を磨いているか？
・服装はアイロンがしっかりとかけられているか？　など

第2の要素「笑顔」

・自然な笑顔で会話ができているか？（鏡でチェックをすることも大事）

第3の要素「洗練」

・キレイな営業カバン（上等さではなく、汚れていないことが大事）

・ボールペン（100円のペンはNG。1000円ぐらいでもいいので、少し重みのあるペン）

・姿勢（姿勢のよさ。街を歩いていても、必ず誰かに見られていると気を張っていること）

ある外資系の生命保険会社では、こう教えられていると言います。

「この人なら、あの上場企業の社長に紹介しても大丈夫な身だしなみだな」と思われるように、と。

いかなる業態でも、営業において、ルックスは重要になります。

意識して、ゆっくり話す

トップセールスと話をしていると、不思議なことに気がつきます。

普段は早口な人であっても、営業になると、なぜか「ゆっくり」と話す人が多い、ということ。なぜだと思いますか？

それは、**相手の「理解のスピード」に合わせて話す**からです。

1秒間に6文字で話すスピードが、相手にとって聞きやすいスピードと言われています。具体的には1秒間に「ありがとうね」を言うスピード。

研修中、ボイスレコーダーにみなさんの営業トークを録音することがあるのですが、自分の思っている以上に早口で話していることに驚く方も少なくありません。

営業における早口は、まったくいいことはありません。

思った以上に「押しつけがましい」「自分勝手」な印象を与えてしまうので、話すときは「いつもより少しゆっくり」を心がけてみてください。

Basic works of sales talk

25

髪型を厳しく見られるのは男女関係ない

!

「ウチの業界は自由」は通用しない

おでこを出すのはキホン中のキホン

「営業は印象が大事」と言います。

そんなこと、私が言わなくても、もうご存知だと思います。

でも、好印象を与える、って言われても難しくないですか？

難しく考えないでください。ここをおさえておけば、「営業として、やるな」と思われるポイントがあるのです。


最初に気にすべきは、髪型です。お客様は思った以上に厳しく見ています。

まず男性の場合、正解はショートヘアで〝おでこ〟が出ていることです。


女性の場合も清潔感、シンプルさがポイント。フレッシュさで勝負するなら、おでこ、耳、フェイスライン、首元の4ヶ所をしっかり出すようにしましょう。印象がガラリと変わると言われています。

おでこについては、額をすべて覆わない前髪ならOKです。

そして注意点。営業の場合、若く見られすぎるとナメられる、ということも気にしておきたいところ。

アイドルグループのような、前髪ぱっつん、小顔効果を狙った両サイドを〝触覚〟のように垂れ下げる髪型は、どうしても幼く見えるもの。お手本はアイドルではなく、女子アナ。女子アナの髪型は「好印象」を与えるために考え尽くされた髪型ですので、そちらを参考にするといいでしょう。

よく、「ウチの業界は自由だから」と言う方もいます。

でも、何事もそうですが、最初はキホンからスタートするのがいいでしょう。キホンができるようになってから、個性を出す。**「ウチの社員にも、こうであってほしいな」と思われる、そんな印象を演出したいものです。**

おでこを出すだけでグッと好印象に

男性は髪は短く、おでこ出しがキホン

女性はおでこ、フェイスライン、耳、首元を出すとgood

基本をおさえて、
「ちゃんとしているイメージ」を演出しよう!

Basic works of sales talk

26

営業は靴を毎日磨く。これが常識

!

名刺交換するとき、
意識しなくても目に入ってくるもの

足元に人柄が出る

おろそかにしがちな箇所ながらも、思った以上に見られているのが「靴」。**靴が汚いと、どう思われるか。見た目をつくろっても、ルーズなんだろうな、と思われます。**「靴」が磨かれているかは、ささいなことをおろそかにしない「信頼」のバロメーターなのです。

ＴＶでこんなシーンがありました。選挙で駆け回る党首が、朝に靴を磨いているシーン。そのときのセリフが「どんなに忙しくても、足元だけはキレイにしておかないとね」。足元の重要性がわかるエピソードです。

営業は、靴を毎日磨いておく、これが常識だと思ってください。靴墨で磨かなくても、最近は簡易のスポンジクリーナーもあります。

考えてみてください。名刺交換するとき、名刺の先に見えるのは、「靴」です。私も名刺交換するとき、意識しなくても足元に目がいきます。思った以上に、汚れていたり、色がはげていたりする営業マンは多いものです。

女性の場合は「つま先」の色落ちや汚れ。
厳しい人もおり、「靴が汚い人は生理的に受けつけない」という声をよく聞きます。
ホント、靴は侮れません。靴は毎日、磨く。
これは営業の習慣として覚えておいてください。

なぜローファーはいけないのか？

オフィスカジュアルが普及してきました。たしかに、ファッションのルールは緩和されています。でも、営業においては、そこまで緩和されていません。
もちろんＩＴベンチャー等、それがイメージ戦略のひとつなら別ですが、ただ営業の場合は、まだ早いと思ったほうが賢明です。

そこで、気をつけたいのが「ローファー」です。
営業のシーンでは、まだルール違反と考えたほうがいいでしょう。
革靴だからＯＫ、と思いがちですが、実はカジュアルすぎるのです。
ローファーの語源をたどると、その理由がわかります。

辞書を見ると、「怠け者・浮浪」と出てきます。これが「ローファー」の語源。**履くのがラクで、脱ぐのもラク、つまり簡易の靴なのです。**ローファーは、営業では、ちょっとカジュアルすぎる、と考えてください。

ほとんどの人は大丈夫ですが、男性の場合、靴下で失敗している人もいます。くるぶし丈のソックスを履く営業マンを見たときは、知らないとは恐いな、と思ったものです。靴下のルールにも触れておきましょう。

・ハイソックスとまでは言わないものの、座ったときにすねが見えない長さ
・色は「黒、紺、グレー」等、シンプルなもの

ちょっとしたことですが、ぜひ気をつけたい部分です。

Basic works of sales talk

27

笑顔は最強の営業ツール

!

どんなときも明るい表情で行くのが
暗黙のルール

意外に無表情な人が多い

初めての訪問、重要なアポイント……。

緊張すると、つい笑顔が足りなくなってしまうものです。

私が客側になるときも、営業の笑顔は重要だな、とつくづく感じます。

まず、笑顔が素敵な営業には、つい自然と笑顔になり、心を開いてしまうものです。


商談で、表情が出ない人は少なくありません。

これ、かなりマズいと思ったほうがいいです。

お客様の前で、笑顔を出せないトップセールスマンを見たことがありません。

一方で、**よくお客様からクレームをもらう営業や、別に過失をしたわけではないのに、他の業者に変えられてしまったりする営業を見ると、共通するのは、「無表情」であることが多い**のです。


普段は、無表情でもいいんです。営業のときだけでも笑顔をつくれれば。

先日、こんな話を聞きました。

愛想がよく、その会社でナンバー1の販売員の女性がいらっしゃるそうです。

でも、その方は人見知りで、人に会うことが「すり減る気分」になるほどのストレスに感じるのだと聞いて驚きました。さらに聞くと、おもしろいことがわかりました。

「仕事モードにスイッチを切り替え、笑顔で接客している」とのこと。

まるで、女優のごとく、トップ販売員を演じていらっしゃるというわけです。


実はこれ、プロ営業の誰もが思い当たることだったりします。

トップセールスの多くは、少し演じているところがあるからです。

緊張する相手だ、と思ったときでもスイッチを切り替え、堂々と笑顔で接します。

ちょっと悲しい出来事があって落ち込んでいるときも一緒。スイッチを切り替えます。そして、必ず明るい表情でお客様の元に行く、それが彼らの暗黙のルール。

人見知りであろうが、笑顔が苦手であろうが、ルールだと思って割り切りましょう。

デスクに鏡がある老舗ホテルのコールセンター

日本屈指のサービスレベルと言われる、コールセンターがあります。帝国ホテルです。お客様に心地よい応対をするために余念がありません。スタッフのデスクに必ず置いているモノがあります。

それは「鏡」です。口角が上がっているかを常に見ているのです。


まさに、笑顔は意識してつくるものだと教えてくれるエピソードです。

実際、私も写真を見て愕然となることがあります。笑顔のつもりだったのですが、思った以上に無表情になっているからです。スマイル度でいうと60％くらい。

「鏡」を見ないと、笑顔かどうかは、なかなかわかりません。

ぜひ、「鏡」の前で、笑顔をつくる練習をしてみてください。

営業に出かける前、商談の前、お手洗いで身だしなみを整えるとき。ついでにやる、そんな感じで十分。「前歯に食べ物が挟まっていないかな……」とニッと笑うのも、笑顔の手軽な練習としておすすめです。

Basic works of sales talk

28

どんなときでも カバンは 床に置く習慣を

!

ちょっとしたことで
「キホンを知らないんだ」と思われてしまう

カバンの底は靴の裏と同じ

商談中にカバンをどこに置いていますか?
たまに見るのが、イスもしくはソファにカバンを置いてしまっている営業マン。
これはNGです。相手方に失礼になります。カバンは基本的に足元に置きます。
カバンの底に「底鋲《そこびょう》」と呼ばれる、突起がありませんか。
つまり、**床に置くことが前提でつくられている**のです。

こう考えると、わかりやすいかもしれません。
カバンの底は靴の裏と同じだ、と。だから、ソファの上、イスの上に置くのは失礼だ、となるわけです。

とすると、訪問先がリビンングルームだと、どうでしょう。
そのまま床に置くのはNG。靴と一緒なのですから、それはそうです。
ハンカチを敷くか、それとも、膝の上に置いておくかを選択します。

プライベートでここまではしませんが、営業シーンでは、ここまでやってこそプロです（お客様が、〝床に置いてください〟と言ってくだされば、床に置きます）。

このように、**カバンはデザインではなく、置き方でセンスが見られます。**

色は「黒」がベスト

カバンと言えば、名刺交換のときにも気をつけたいところです。

腕にかけたまま、名刺交換をする人もたまにいます。基本的にはマナー違反。

床が濡れている、汚れている、またはリビングルームの場合は別ですが、それ以外のときは**名刺交換をする際も、カバンは床に置く**ようにしてください。

でないと、片手間に名刺交換しているみたいに思われてしまいます。

ここまでチェックするお客様は少ないですが、見ている人は見ています。

だからこそ、「営業として、やるな」となるわけです。

カバンは置き方次第で、あなたのセンスをアピールするツールにもなるのです。

男性の場合、カバンの色も気にしたいところです。

ベルト、靴、カバンの色は統一させる。これはマナーではなく、ファッションの基本ルール。

営業の靴は黒がキホンでしょう。だとするなら、カバンは「モノトーン（黒・グレー）」が便利。

茶色の靴でもいいのですが、そのときはカバンも変えないと格好が悪い、となるわけです。

「茶」を選択する目的があるなら別ですが、ベストは「黒」です。

「この人、キホンを知らないんだ」と思われないように、小さいことも徹底しましょう。

プロはボールペンの「重さ」にもこだわる

プロの営業マンの中には、ペンを使い分ける人もいます。

実際、私が契約する生命保険の営業マンを見ると、全員が使い分けています。


1本は、自分用のペン。

もう1本は、お客様にサインをいただくためのペン。


お客様に渡すときのペンはずしりと、重いペンを使っていたりします。

しかも、そのうちの1人は、営業マンの名前が刻印されているペンでした。

その意味を尋ねると、こういうことでした。

「保険は一生の商品。一生、私がお付き合いさせていただくといった意味を込めております」と。これには驚きました。

つまり、ペンは、契約の「思い」を伝えるツールなのです。

ペンの「重み」は、契約への「思い」。そう考えると間違いありません。

ペンは2本用意しなくても大丈夫です。

少し、重みのあるペンを用意してください。高級でなくてもOK。数千円のものでもいいでしょう。プラスチックの軽いペンは避けてください。

絶対にNGなのが、会社の販促用のペンを使うこと。

たとえば、自社の商品名が入ったボールペンを使う営業マンは、スタンスができていないと思われます。

そのペンは、お客様に渡すものであって、自分が使うものではないはず。

こう思われます。「君が使っちゃダメでしょ」と。

数千円の投資ですが、ペンは思った以上に効果のあるものです。

ペンをあなたの思いを伝える武器にしてみてください。

Basic works of sales talk

29

自信がないときほど胸を張り、背筋を伸ばす

!

姿勢が悪いと、
思った以上に卑屈に見える

謙虚にしようとしすぎて、猫背に…

初対面のときなど、空気に飲まれてしまうことはないでしょうか？

ましてや人見知りだと、とくにそうかもしれません。私も人見知りの傾向がある（あった）ので、よくわかります。

人見知りだと、謙虚に見せようと、取りつくろう傾向があります。それが失敗のもと。**「謙虚」ではなく、相手には「自信がなさそうに見える」ことが多いのです。**

なぜでしょうか。

答えはシンプル。そのとき、思った以上に姿勢が悪くなっていることが多いからです。姿勢が悪いと、思った以上に「卑屈」に見えます。目線が下から見上げるような姿勢になるからです。

自信がないときほど胸を張って、姿勢をシャンと伸ばしてみてください。コツとしては、肘の位置に気をつけることです。

肘は、テーブルの外。これがキホン。

手首と肘の中間くらいの部分をテーブルの端にあたるくらいがちょうど。
これだけで、背筋が伸びます。ぜひ、試してみてください。

そして、話を聞くとき、気をつけたいことがあります。
必ず相手の目を見て会話をする、ということです。
目を見るのが苦手な人は要注意。
想像してみてください。目を見ずに、笑顔をつくっている人を。
思った以上にとっつきにくい印象になるものです。ちょっと不気味にも見えます。

まず、目をしっかりと見てください。
たとえば、手帳ばかりを見て、お客様の目を見ないと、お客様は不満を感じるもの。
「こっちに関心を持って聞けよ！」となります。

でも、目を見るのは苦手という方もいるでしょう。そのときにコツがあります。
お客様の「鼻の頭」を見てみてください。すると、お客様からは自分の目を見ているように見えます。すぐに使える小技なので、やってみてください。

「立って待つ」センス

さて、お客様に伺った先で待つことになった場合、悩ましいのは、「こちらにかけてお待ちください」と言われたときではないでしょうか。

さて、あなたはどうしていますか？

座って待つべきなのか、それとも立ったまま待つべきなのか……。

答えはシンプル。もちろん、座って待っていいのです。

ただ1点、気をつけることがあります。

お客様が来られたら、その直前にサッと立ち、「立って待っていた」状態に見せる、ということ。もちろん、座っていてもクレームになることはないのですが、センスがないと思われます。

・足音がしたタイミングで、イスから立ち上がる

・ドアが開いたときには立って出迎えている

これもプロの印象づくりです。


よくある笑い話が、これ。

足音がしたので、サッと立つと、「お茶を持ってこられた方」だったなんてことも、よくあるケース。いや、むしろ、営業はこうでないといけません。

足音がしたら、立って出迎える。これが正解です。

第 5 章

定時帰りでも最高の結果を出す仕事術

Basic works of sales talk

Basic works of sales talk

30

成績を上げたいなら、残業を今すぐやめなさい

!

仕事を任せるなら
「夜の自分」より「明朝の自分」

実証された「労働時間と成績には相関なし」

営業は、なかなか早く帰るのが難しいものです。

白状しますと、私も新人の頃は残業三昧でした。

残務もあるし、明日の準備もある。もはや帰れないものとあきらめていました。


でも、それは間違いだと断言します。

ネットでも公表されている、おもしろいデータがあります。

リクルートグループの派遣会社、リクルートスタッフィングが自社の営業マンの「成績と労働時間の相関」を調べた結果なのですが、「労働時間と成績には相関はない」と断言しました。


私も営業を始めて3年目には、基本的に残業をやめています。

不思議なもので、残業をやめると、むしろ成績が上がるのです。

私だけでなく、私のまわりもそうでした。抜本的にやり方を変えなければならず、行動にムダがなくなるからです。

仕事が終わらないときは明朝に回す

早く帰るために、まず絶対にやるべきことがあります。

朝出社するときに、帰る時間を決めておくということです。

「できるだけ、早く帰ることができるようにがんばる」では、なかなか帰れません。あたかも、アポイントが入っているがごとく、帰る時間をガッツリ決めます。

具体的には、手帳の「帰宅宣言時間（例：18時）」のところに線を引くとよいでしょう。

たったそれだけのことですが、働き方は大きく変わります。

エレベーターを待つ時間すらも、メール返信にあてたりします。

その時間内に終わるように、あらゆる隙間時間を使うようになりました。

もし、仕事が終わらなければ、残業をするのではなく、明朝に回してみてください。

朝の生産性は「夜の3倍」と言われることがありますが、私も同様の経験を何度もしています。

夜に1時間かかるものであるならば、20分ですみます。

なかでもアイデアを考えるのは、朝がゴールデンタイムともされており、6倍のスピードだと言われます。

それこそ、アイデアを考える際は、出社前にカフェに立ち寄って、15分程度で企画を考えてみる。

すると、思った以上にアイデアが出てくることも少なくありません。

仕事を任せるなら、「夜の自分」より「明朝の自分」のほうが合理的な選択です。

Basic works of sales talk

31

「ピュアセールスタイム」に徹底的にこだわる

!

「売上に直結しないムダ時間」にメスを入れる

ムダを省いて商談に時間をかける

仕事の時間を次の3つに分けると、時間の使い方の改善策を検討しやすくなります。

①ピュアセールスタイム（商談、電話等、お客様との接点を持つ時間）
②付帯作業時間（移動や資料作成等、営業活動に伴う作業）
③ムダ時間（商談には影響しない作業。不要な資料作成、雑談等）

限られた時間で結果を出すためには、「ピュアセールスタイム」の比率を高めることが絶対の法則。

つまり、一見すると仕事に見える「付帯作業」、気休めの「ムダ時間」を減らすことに注力します。

実際、当たり前と思っていた資料作成や訪問の移動に、〝ちょっとした工夫〟を入れるだけで、かなりピュアセールスタイムは増えるものです。

では、その改善の観点を確認しましょう。

移動時間や資料作成を最小化

「売上」に直結しないものの、セールスタイムに必要になる作業。とくに移動時間や資料作成の準備にはメスを入れましょう。

① 移動時間を最短化させる

移動時間は1円の売上も生みません。付帯作業です。ピュアセールスではありません。減らす対象です。

ポイントは、「アポイントを固めてとる（地域を固める）」、これがキホン。緊急の際は柔軟に対応しますが、ほとんどの場合、お客様の何気ない「早いほうがいい」に振り回されてしまっているだけのことも少なくありません。ぜひ、勇気を持って、希望日時を提示してみてください。

時間に対するコントロール力を手にすることができますよ。

② 資料作成を減らす

商談には資料が必要ですが、その都度に資料を作成しないようにしましょう。タブレット、もしくはファイルに資料をまとめておき、その都度に必要に応じてお見せするのが正解。

たとえば、複数の会社で商談があるとしましょう。

A社用、B社用に資料を作成するのではなく、あらかじめ複数の資料を用意しておき、必要に応じて資料を見つくろって提示すると、一気に準備の時間が減ります。

この場合、少しカバンが重くなりますが、準備時間をなくすための我慢だと考えてみてください。

もちろん、タブレットに入れておく方法も有効ですので、この場合はカバンはかえって軽くてすみます（この後、お客様に必ず資料をメールで送るようにします）。

ひとつにまとめるだけで、準備の時間が一気に減りますよ。

日中は事務所に戻らないと決める

商談の準備でもなく、業績に直結しない、いわゆるムダ時間にもメスを入れましょう。無意識にやってしまっていることに気づけることが大事。ぜひ、チェックしてみてください。

① 日中は事務所に戻らない

「行ってきます」と事務所に出てから、昼くらいにブーメランのように戻ってくる営業は少なくありません。資料が必要になった、事務所から電話をしたほうが電話をかけやすい、打ち合わせがある……。

さまざまな理由がありますが、営業は戻ってはダメというのをキホンとすること。そのためには、先ほどの「あらかじめ資料をカバンの中に用意（もしくはタブレットに格納）」しておくことや、あらかじめ人にお願いできることは、事前にしっかりとお願いしておくことも大事になります。

② 雑談は、時間を決めて

同僚との雑談は必要です。これは、組織論でも証明されているのですが、インフォーマル（非公式）なコミュニケーションが職場の人間関係を円滑にし、トラブルを予防し、関係性の質を高め、生産性向上にも寄与するからです。

ただ、お互いのためにも、時間を決めてやることです。

本来は、休憩中のタイミングがベスト。けれども営業の場合は、日中は外出しているため、残業で作業をする時間が雑談タイムとなってしまっていることがあります。

そこで、こうしてみてください。

「おはよう」のタイミング、バッタリ会ったときの「お疲れ様」のタイミングで雑談してみるのです。

「おはよう！　昨日は何時まで仕事していたの？」

「お疲れ様です。今からどちら（のお客様に訪問）ですか？」

メールでのやりとりが多くなり、残業が禁止される今、雑談をする時間もなくなってきています。でも、雑談は必要です。

この2つのタイミングを有効に活かしてみてください。

Basic works of sales talk

32

一流はあえて各駅停車に乗る

!

残業候補になりそうな仕事を
移動時間にすませる

「集中力の高まる移動式の事務所」

トップセールスたちの話を聞くと、電車やバスではなく、あえて自腹を切ってタクシーで移動する、といった話をよく聞きます。

これは、電車に乗るとお客様に電話をかけられないからです。タクシーなら、電話できます。お金を出して、電話する時間を買っているわけです。

でも、会社でタクシーが禁止されていることもあるでしょうし、やはり新人の頃はお金に余裕がないこともあるでしょう。よい方法を紹介します。

急行や特急に乗らず、各駅停車に乗るというやり方です。地味ですが、効果は絶大。実は私もやっているのですが、特急なら30分で着くところ、各駅停車なら50分かかります。

一見するとムダのように感じますが、この時間を仕事時間にするのです。そして、乗降のタイミングが多いことからも、各駅停車ならば座れることが多く、私はこう考えています。

「各駅停車は、集中力の高まる移動式の事務所」だ、と。

もちろん、機密情報を電車内で広げるわけにはいきませんが、「資料を作成する」「報告書を書く」「メールを返信する」などの〝残業候補〟になりそうな作業を、電車の移動時間ですませます。

さらには、こんなこともよくします。

できれば各駅停車に乗りたいのですが、停車中の電車は特急。そんなときは、日の前の特急をワザと見送り、ホームのベンチで作業をし、5分後に来る各駅停車に乗って、また車内で10分作業をする。そうすると、15分の作業ができると考えるのです。

事務所での15分と、時間制限のある電車での移動の15分では、集中力も俄然変わります。

急いでいるときに特急電車に乗るのは、もちろん問題ありません。

ただし、特急電車に乗らないですむように、日頃から余裕を持った行動、早め早め

移動時間をスマホで有効活用！

に行動することが大事です。

あえて「遅さ」を選ぶことで、その時間を仕事タイムにする法則は、他でも応用ができます。

ランチを注文してから出てくるまでの時間が長い店を選ぶこともありますし、自動車を運転するとラクな移動であっても、電車を選択することもあります。

「遅さ」を選べば、「速さ」に変わる。

その発想も、時短には効果的です。

Basic works of sales talk

33

リクルート創業者に学んだ「一石三鳥」の鉄則

!

10回の訪問より、相手の「お客様」になったほうが距離が縮まる

「一度の用事で複数の用事を完結すべし」

なるほど！と思ったことがあります。

前職のリクルートグループで勤めていたとき、社内の共有サイトに創業者の江副さん（江副浩正氏）から営業マンに送るメッセージ、といったものが掲載されていたことがありました。

その中で、とくに私のハートをとらえたのが、正確な言葉は覚えていないのですが、「一度の用事で複数の用事を完結すべし」といったような内容でした。

いわゆる、何度も訪問したり、何度もやりとりをすることのムダを説いていたわけです。

その当時、私は求人広告の営業をしていました。

それ以来、商談、契約書の捺印、原稿作成、原稿確認、アフターフォロー……本来はすべて分断された工程なのですが、私は商談中に一度にやることにしました。

商談のタイミングで申込書に捺印をいただき、その場で取材をしながら、同時に原稿作成を行い、その流れで確認いただき、帰り際に途中経過と最終結果の電話をさせていただく日時を決める、というものでした。これをやるとやらないでは、大ちがい。

もし、あなたの営業活動でも分断されていることがあれば、**その場で一度にすませられないかを考える習慣**を持ってみてください。会社の仕組みを変えることはすぐにはできませんが、営業の工夫で対応できることはたくさんあります。

お客様との打ち合わせをランチに設定

ささいなことですがランチもそうです。

もちろん、同僚と会社の近くの行きつけの店に行くのも楽しいものですが、ここもメスを入れてみることをおすすめします。

私がやっていた（今もやっている）のは、お客様との打ち合わせにランチをしたり、打ち合わせの際に「あの店、いいですよ」といった〝オイシイ情報〟を収集したりする日常の習慣。

その場で一度ですませられないか考えてみよう！

求人広告の営業をしていたときは、ランチを選ぶお店は私が担当する、もしくは職場の仲間が担当するお客様が経営する飲食店で食べることで、そこで得た情報をチームの営業活動につなげたりしていました。

せっかく物を買ったり、食べたりするなら、お客様が関わっているところのものをチョイスすることを選択肢に入れる方法です。

もちろん嗜好もあることですので、ガチガチにやるのは難しいですが、可能な範囲でやってみることをおすすめします。

10回の訪問より、お客様になったほうが、距離は縮まります。

Basic works of sales talk

34

「書く」作業を10分の1に圧縮する

!

最小の手間で最大の効果を得る

「手書きのお礼状」は本当に必要なのか？

営業の場合は、書くことがお客様へのホスピタリティにつながることが多く、つい時間をかけてしまいたくなるものです。

「凝った企画書をつくる」「あえて手書きで御礼状を書く」など、思った以上に書くことが多くなります。でも、こう考えてみてください。

「最小の手間で最大の効果を得る方法」をとるべき、と。

そのためには、前提を疑うこと。いろいろ実験してみましょう。

たとえば、訪問後の御礼。私が実際に営業していて実感したことをご紹介しましょう。これは、弊社の研修サービスの営業活動をした際のケースです。

次のA～Eのうち、どれがもっとも効果があったと思いますか？

【その後の契約率が高かったのはどれ？】

A：訪問後、手書きの手紙と私が書いた本を同封

B：訪問後、手書きの手紙のみ
C：訪問後、ハガキでの御礼
D：訪問後、メールでの御礼（私の実績のリンクを添えて）
E：訪問後、メールでの御礼

私が嗜好として好きなのはAです。

でも、正解はD。実績をご覧になられたお客様から、「このプログラムってどんなの？」という、問い合わせをいただくことが多いのです。

では、私の嗜好に合っているAはどうか。実は、手間とコストをかけたにもかかわらず、とりたててよい効果はありません。

だから、私は基本的にはDを選択します。それが、お客様のニーズにも合った選択だからです。

もちろん、会社の方針で手書きの手紙を書くのだ、ということもあるでしょう。

それに、相手によっても変わります。ご高齢の方ならメールではないほうがいいかもしれません。

ただ、それも勝手な想像。**実験してみて、その結果を信じる**、これが短時間で勝つ合理性です。

スマホの音声入力は使わないと損

また、私がどこでも紹介する、書く作業を革命的に効率化させる方法があります。

それは、スマホの入力を使う方法です。

スマホにマイクマークがありませんか？　これを押して声で話しかけるだけ。

小声で話しかけても、録音することが可能です。飲食店などでも、注文した料理が出る前の身近な時間にふき込むことができます。

エレベーターの待ち時間、エスカレーターの乗っている間、電車の待ち時間、会議の参加者が揃うまでの時間、すべてが作業時間にあてられるようになります。

メールはもちろん、報告書の下書きをすませる、なんてことも可能です。

ぜひ音声入力を積極活用してみてください。

Basic works of sales talk

35

何を言われても心を乱さない。パッと切り換える

!

一流の営業マンは、
嫌なことを「ネタ」にする

営業をしていたら腹立たしいことは日常茶飯事

ここは正直にいきましょう。
営業をしていると、ムカつくお客様はいます。
私が出会った中でも、まあいろいろな人がいました。

・「担当者のミスなのに、営業の私のミスとして、濡れ衣を着せられた」
・「朝の8時に来て、と言われて行ったところ〝もうええわ〟のひとことでドタキャン」
・「それは兄が言ったことやわ。俺ら双子やねん。……その担当者、実は双子ではなかった」

キリがないのでここでやめますが、たぶんこれだけで1章分を超えると思います。

でも、私自身のことで言いますと、一瞬はムカつきますが、トラブルになることも、後に引きずることもありませんでした。

相手は犯罪を犯しているわけではありません。自分の常識には合わないだけのお客様。**ここは冷静に対応し、しっかりと契約をいただくのがプロです。**

では、どうすればいいのか。

「切り替えるスイッチ」を持つことです。ここでは2つ紹介します。

「感情のスイッチ」を切る習慣

①「セルフトーク」を持つ

セルフトークとは、「心の中の〝ひとりごと〟」のこと。

認知行動療法（心理学）によると、**人は1日に6万回も「心の中の〝ひとりごと〟」をつぶやいており、そのつぶやきによって感情が左右される**と言われています。

想定外の出来事に遭遇した際に、冷静になれるセルフトークを持つことをおすすめします。たとえば、こんな感じ。

嫌な対応をされたとしましょう。そんなときは心で、こうつぶやいてみてください。

「そう、来たか」「新しいパターンだ」「将来のネタになる」

「まあ、犯罪をされているわけではないし」「ストレスたまっているんだろうな」

そんなセルフトークを自分で考えて、とっさに心でつぶやくのです。
セルフトークをつぶやくと、ちがう解釈が生まれ、相手を許せるようになります。

② 感情のスイッチを切る

私の先輩で、サクサクと無理難題を乗り越える人がいました。
彼に聞きました。なぜ、そんなにアッサリと乗り越えられるのか、と。
あえて感情を絶つ、とのことだったのです。
無理難題を言われたら、おおむね次の流れで処理が行われます。

「無理難題」→「ショック」→「感情発生（ムカつく、どうしてだ！）」→「ムカつきながら行動」

彼は、こうしていると言うのです。

「無理難題」→「ショック」→「とりあえず行動」　※感情は横に置いておく

彼は、言います。ムカつく、と思いそうになったら、〝何も〟考えないようにすると。私も実践するようになりましたが、意外と効果的な手法だと実感しています。

可能なら、ぜひやってみていただきたいチャレンジを紹介します。

ムカつく人と良好な関係を築くチャレンジです。

私自身は、あるときから、ずっとこれをキホンとしています。

ムカつくのは、「自分のエゴ」、つまり「こうあるべきでしょ」が発端であることが多いものです。まず相手の価値観を尊重することを意識するようにしたのです。

アポイントをすっとばす人、ぞんざいな対応をする人、立場でコロコロと態度の変わる人……。いったん相手の基準で考えてみると、見えることがあります。

「まあ、考えがあってのことなんだな」と。

この繰り返しの中で、いかなる人とも良好な関係を築けるようになります。

実は、この力を持てることも営業の醍醐味かな、と思ったりもします。

感情をすぐに切り替えるコツとは?

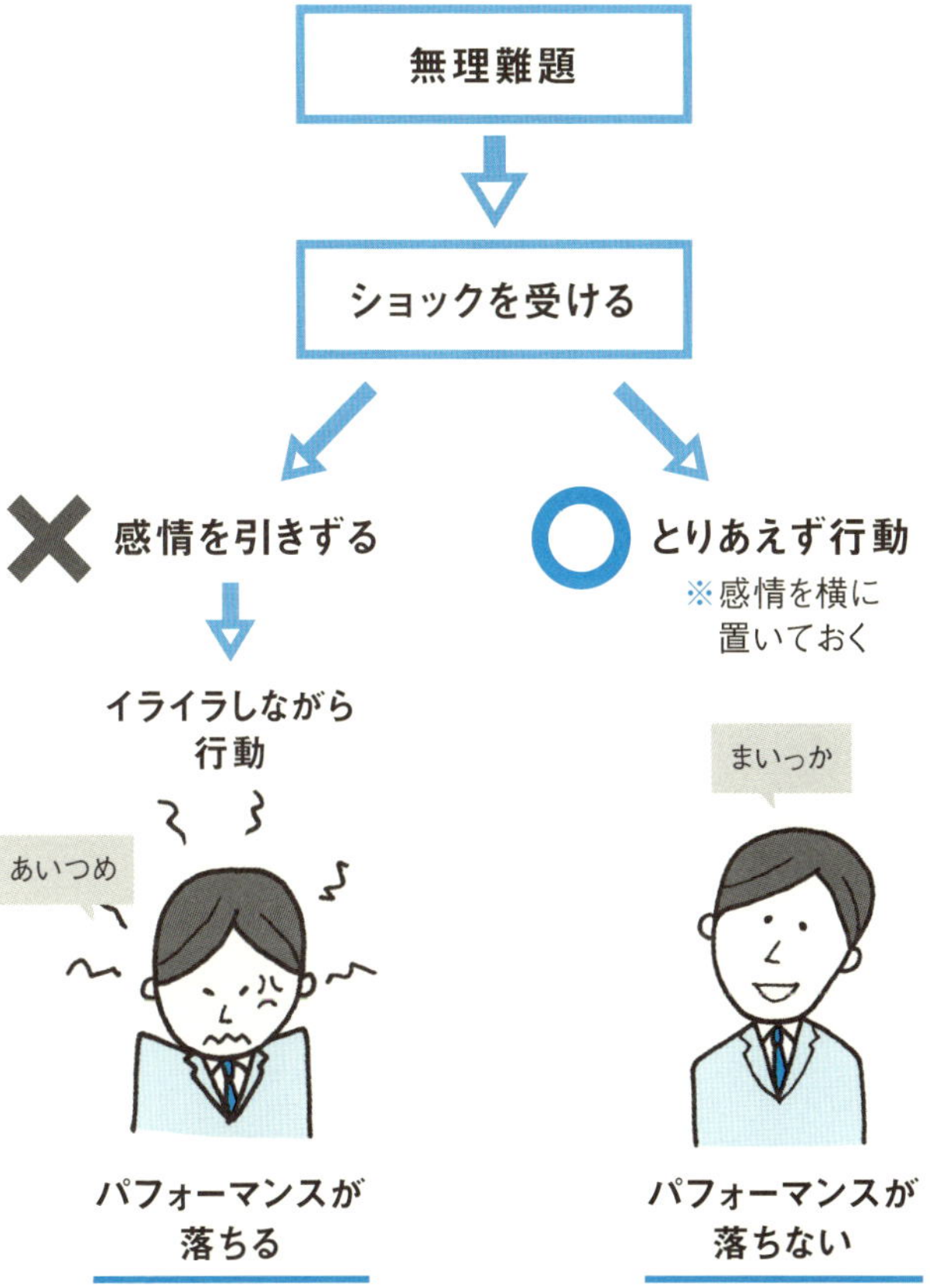

嫌なことがあっても、あえて「何も考えない」ことで、
目の前のことに集中できる

Basic works of sales talk

36

自分のストレスパターンを知っておく

!

「またこのパターンが来たか」で冷静になれる

落ち込んだとき、どうする？

営業をやっていると、「もう疲れた……」「やめたい……」と落ち込むこともあるでしょう。そういう時期は誰にでもあります。

成績が上がらないときはもちろん、疲れがたまってくると、とくに理由もなく元気が出なくなることがあります。

まず、自分のストレスパターンを知っておくといいでしょう。

ビジネスパーソン向けのセルフマネジメント研修（ストレスコーピング研修）で、実施しているノウハウを紹介しましょう。

誰のストレスにもパターンがあると考えてください。

パターンを知っているだけで、「あ、また、このパターンが来たか……」と冷静になれます。

このパターンは、ストレスコーピングという認知行動療法をベースとした、ストレス対処メソッドから引用したものですので、根拠があるメソッドです。

正確にここを把握すれば、対策が見えてきます。

自分はどれに近いかをチェックしてみてください。

「1件でも会えたらラッキー」

① 最近、なんだかイライラする

「こうすべき」「こうあるべき」といった、いわゆる〝べき志向〟が原因。

テレアポをかけるときなど、電話を取った人によるシャットアウトも多く、「取り次いでくれてもいいじゃん」と思うこともあるものです。メールが返ってこないことに腹が立つこともあるでしょう。

そんなときこそ、いったん「べき」を手放してはいかがでしょう。

「べき」を「してくれるといいな」に変えると、ラクになれます。

取り次いでくれるといいな……、いかがでしょう。

② なんだか、自信がない…

「どうせうまくいかない」「結局、そういうことだ」といった、悪いほうに考えてしまうことがあるなら、必要以上に〝マイナスに考えてしまう〟クセが原因。

先ほどのテレアポで考えてみましょう。

「どうせムリだ」と思って、電話をかけて断られると、こう思うわけです。

「やっぱりムリだ……」と。

そんなときは、「1件でも会えたらラッキー」とポジティブな角度で考えてみることです。**すべてのことに「ネガティブ・ポジティブ」の側面があることを忘れてはなりません。**

③ つい、詮索をしてしまい、相手のことが嫌いになりそう

うまくいかないときに、いろいろなことを考えて、相手を信用できなくなることがあるなら、「過度な思い込み」のクセがそうさせていると思ってください。

また、先ほどのテレアポで考えてみましょう。

電話をかけて断られると、こう思うわけです。

「嫌われているのかな」「他の業者に浮気をしているのかな」「舐められているのかな」と。

そんなときは、**「事実を確認したのか」と自分に言い聞かせてください。**

ほとんどのことは、それほど〝たいした理由〟はないものです。

④ 時間に追いかけられているようで、ヘトヘトになりそう

あれもこれもきちんとしようと思えば思うほど、ヘトヘトになるものです。

「キチンとしないと」といった「完璧思考」がそうさせていると思ってください。

同じく、先ほどのテレアポで考えてみましょう。

電話をかけて、断られないために、あれこれと調べてからでないとイヤだ、ということなら、完璧思考の悪いクセです。

「思ったようにいかなくてもいい」「へたくそと思われでもいい」「不十分でもいい」と思っている人のほうが、営業においては、行動のスピードが速く、結果も出しやすいです。

「70点でOK」、そのくらいの気持ちでトップセールスはやっています。

あなたが陥りやすいストレスパターンを知ることは、スランプに陥らない鍵になります。何事もそうですが、強い人ほど、自分の弱みを冷静に理解しているものです。

誰にだって気分が乗らないときはある

イライラが止まらない…

➡ “○○すべき”という思考にとらわれていないか?

自信がなくなってしまった…

➡ 「1件でも会えたらラッキー」など
ポジティブに考えるクセを

「嫌われてる?」相手のことを考えて憂うつに

➡ 「事実を確認したのか」と自分に言い聞かせてみる

時間に追われてヘトヘト…

➡ 「不十分でいい」「70点でOK」など、
完璧思考をやめてみる

**自分のストレスパターンをおさえることで、
スランプに陥りにくくなる!**

Basic works of sales talk

37

営業はどこまでもひとり。だから楽しい！

!

モチベーションをキープするコツは
「とにかく早く帰る」こと

数ヶ月目、3年目、8年目…誰もが不安になる時期

営業は同じことの繰り返し、つまりルーティンが多いため、成長を感じないこともあり、また専門性が身についていないようにも感じ、ふと将来のキャリアを考えると焦ることがあります。

実際は、成長もしていますし、専門性も身についているのですが、気づかないのです。どうやら、その不安がやってくるタイミングには傾向があるようです。

・最初、営業の難しさに直面した「数ヶ月目」
・少し覚えて〝だいたいこんなもんかな〟と思い始める「3年目」
・もっと自分にはチャンスがあるのでは、と考える「8年目」

ここでは、「ちょっと不安になった」と感じたときの対処法がいくつかありますので、フィットするものをチョイスしてみてください。

社外にお手本を見つけるのがおすすめ

① ざっくりでいいので、「将来の理想像」を書いてみる

あれは、営業を始めて2年がたった頃。それまでは一心不乱に、先のことも考えずに、目を瞑って全力疾走をしてきたので、ふと3年目の交差点に差しかかったときに、疑問が出てきました。「自分は、どこに向かって走っているんだ」と。

「何歳で、どうなりたいのか」をざっくりでいいので書いてみると、意外と将来への不安が薄れるものです。20〜30分程度で書いてみましょう。ペンとメモ帳を取り出して、ざっくりとで大丈夫です。

できるかできないかで考えると、うまくいきません。

理想を書いてみるだけで、次の自分の成長テーマを設定できます。

②「お手本」を見つける

職場にお手本になる人がいないことが、迷いの理由になることも少なくありません。

おすすめは、社外にお手本を見つけることです。マスコミに登場する有名人でも、

クライアントの企業で活躍する人でも、誰でもＯＫ。その人が同世代のときに、どんな考え方、どんな経験をしていたのかを確認すると見えることがあります。

③お客様から「フィードバック」をもらう

自分のことは、自分が一番わからないと言います。あえておすすめしたいのは、お客様からフィードバックをもらう方法です。これは、怖いと思います。

私もよい関係だと思っていた担当者の心の中に、さらなるリクエストが隠れていたことを知ったときはショックでした。

たずねたところ、「もうちょっと、新規性のある提案があれば満点かな」と言われたのです。まったく気づいていなかったので、油断大敵です。

社内では表彰もされ、目標も達成していたので、ちょっと天狗になっていたのかもしれません。ぜひ、お客様に「さらなるリクエスト」をたずねてみましょう。

④「ちがうやり方」を試してみる

マンネリの原因は、「退屈な仕事」にあるのではなく、「自分自身が変わっていない」ことです。

たとえば、今までやったことのない提案をしてみる、もしくは、やったことのないアフターフォローをやってみる。新しい実験をしてみてはいかがでしょうか。

そこから新たな「自分流」ができれば、また仕事がおもしろくなるものです。

営業だけではなく、教師でも、歌手でも、シェフでも、必ずマンネリを感じると言います。でも、おおむね自分のやり方を変えていないことが理由。

ぜひ、新しいやり方をトライしてみてください。

すべて自分の裁量で結果を出していける

モチベーションをキープする簡単な方法は、「早く帰る」ことです。

売れていても、売れていなくても早く帰ります。

売れていないときは帰りにくいものですが、こう思ってください。

「結果で見せるしかない」と。

クビにするなら、それでもいい。そんな気持ちで早く帰ります（まず、そんなことでは、クビにはされませんが……）。

むしろ、やってほしいのは、誰よりも早く出社すること。

私も早く出社して、誰よりも多くの商談をする、と決めていました。

一見難しそうですが、モチベーションは上がります。やはり、結果の出る兆しが見えるからです。遅くまで残っていたところで、チャンスが増えるわけではありません。

当たり前ですが、チャンスは商談からしか生まれません。

そして、最後にひとつ。営業の醍醐味は、自由さです。

自由ではないように思うかもしれませんが、営業ほど自由な職種はありません。

自分で計画を立て、自分が商談をし、自分がアフターフォローをし……そして、結果責任も自分が負う。

職場での見え方を意識し始めた段階で、営業は不自由でおもしろくないものになります。自分の工夫で、責任を負って、結果を出す。そして、その過程には、必ずいろいろな試練や感動があります。

これこそが営業マンの特権。その特権を謳歌できたとき、営業ほど楽しい仕事はないと感じることでしょう。

おわりに

私が独立するにあたって、東京で仕事用のマンションを借りたときのことです。

その頃、3社の不動産会社から物件を紹介されました。しかし、どの物件も満点ではありません。

ほとんどの営業マンは、こう言います。「不動産に、満点を求めたらダメですよ」。

でも、大学を卒業したばかりだという彼はちがいました。

「伊庭さん、この東から差し込む朝日は、きっときれいでしょうね。これからの伊庭さんのよい門出になるといいですね」

このひとことで気持ちが変わりました。

「たしかに、仕事で悩むこともあるかもしれない。そのとき、朝日を見ると元気になるかも。それにしても、この営業マンは、よく自分の状況を理解してくれているな」

私はこうやって、新人の彼と契約をすることを決めました。

実際にそのマンションに住んで、「朝日が差し込む部屋を見て、このマンションにしてよかったな」と心から思いました。

改めて、彼が言ってくれたことに感謝しました。

私は思います。どんな営業であっても、一つひとつの契約には、お客様の「感謝」が紐づいているのだ、と。

今までのあなたの一つひとつの契約を振り返ってみてください。

「キチンとやってくれてありがとうね」

「わざわざ、来てくれてありがとうね」

「よい提案をしてくれてありがとうね」


お客さまの「ありがとう」の言葉の中にはさまざまな意味があるはずです。

そして、きっと、「この買い物はよかったな」と思ってもらえていることでしょう。

だから、こう考えてほしいのです。

あなたが頂戴した契約の数、あなたの売上の累計は、「ありがとう」の総量だと。

お客様は、感謝の言葉をいちいち口にはしません。

でも、あなたが思っている以上に、感謝を感じてくれているものなのです。

〈著者紹介〉

伊庭正康（いば・まさやす）

◇－1991年リクルートグループ入社。リクルートフロムエー、リクルートにて法人営業職として従事。営業としては致命的となる人見知りを4万回の訪問を通じて克服し、リクルートにおいてプレイヤー部門とマネージャー部門の両部門で年間全国トップ表彰4回を受賞。累計40回以上の社内表彰を受け、営業部長、(株)フロムエーキャリアの代表取締役を歴任。

◇－2011年、研修会社（株）らしさラボを設立。リーディングカンパニーを中心に年間200回を超えるセッション（営業研修、営業リーダー研修、コーチング、講演）を行っている。実践的なプログラムが好評。リピート率は9割を超える。

◇－近著には、『残業ゼロの人の段取りのキホン』『仕事が速い人の手帳·メモのキホン』（ともにすばる舎）、『強いチームをつくる！リーダーの心得』『営業の一流、二流、三流』（ともに明日香出版社）など多数。その活動は、日本経済新聞、日経ビジネス、THE21など多数のメディアでも紹介されている。

「読者特典メルマガ」
http://www.rasisalab.com/mailseminar/

会社では教えてもらえない　数字を上げる人の営業・セールストークのキホン

2018年2月20日　　第1刷発行
2021年4月 3日　　第3刷発行

著　者———伊庭正康

発行者———徳留慶太郎

発行所———株式会社すばる舎

東京都豊島区東池袋3-9-7 東池袋織本ビル　〒170-0013

TEL　03-3981-8651（代表）　03-3981-0767（営業部）

振替　00140-7-116563

http://www.subarusya.jp/

印　刷———株式会社シナノ

落丁・乱丁本はお取り替えいたします

ISBN978-4-7991-0690-7